BIGARRURES

PHILOSOPHIQUES.

SECONDE PARTIE.

BIGARRURES

PHILOSOPHIQUES.

SECONDE PARTIE.

A AMSTERDAM & A LEIPSICK,

Chez ARKSTÉE & MERKUS.

M. DCC. LIX.

BIGARRURES
PHILOSOPHIQUES.

VOYAGE
AUX LIMBES.

CHAPITRE PREMIER.

Ne demandez pas encore comment cela s'est pu faire.

Rien n'est plus vrai. Une force irréſiſtible m'entraînoit. J'étois à plus d'une demie lieue au-deſſus

de la surface de la terre, & je fen-
dois l'air avec une rapidité inconcevable. Mille chofes fe préfen-
toient à mes yeux, mais j'étois
ébloui, je n'en difcernois aucune.
Auffi leger que ces taches lumi-
neufes que le miroir réfléchit, &
que les enfans s'amufent à prome-
ner rapidement de tous côtés, je
traverfois des plaines immenfes,
des mers, des déferts, & tout cela
en un moment.

Enfin j'arrivai au-deffus d'uné
forêt fi vafte, que de la hauteur
même où j'étois, je ne pus en
découvrir les limites. Là le mouvement qui m'emportoit changea
de direction ; je me fentis comme

absorbé par un courant d'air qui me précipitoit en bas. En cet endroit même la terre formoit un soupirail, & j'y tombai comme dans un puits profond. La violence du courant qui m'emportoit me parut diminuer à proportion que je descendois, de maniere que je tombai au fond de cette espece de puits, avec autant de lenteur qu'un duvet que son propre poids fait descendre mollement. Excédé de fatigue & stupéfait de tout ce qui venoit de se passer, je restai quelque temps dans une sorte d'évanouissement & presque sans connoissance.

A peine eu-je repris mes sens,

que j'apperçus au-devant de moi
un souterrain assez étroit, mais
qui se prolongeoit à perte de vue.
Il étoit foiblement éclairé par
quelques pierres lumineuses attachées d'espace en espace à la
voûte.

Saisi d'une nouvelle frayeur, je
portois les yeux tantôt du côté du
soupirail, par lequel j'étois des-
cendu, & tantôt du côté de cette
cave déserte, la seule issue qui
s'offrît. J'essayai de sortir de cette
triste prison & de m'en retourner
comme j'étois venu; il ne me fut
pas possible. Le courant qui m'a-
voit charié s'opposoit à mon retour; autantde fois que je faisois

effort pour m'élever, autant de
fois j'étois repouffé d'une maniere
à me faire perdre tout efpoir. Que
faire : que devenir ?

Entre cette voie qui m'étoit
fermée & la cave qui m'etoit ou-
verte, il ne me reftoit qu'un parti,
celui de voir où ce fouterrein me
conduiroit. C'étoit à n'en pas douter un fentier, & la foible lueur
qu'on y avoit ménagée, n'avoit
manifeftement d'autre deftination
que d'éclairer ceux qui devoient y
marcher. Mais où ce fentier con-
duit-il, difois-je, quelle région le
termine, quel eft le fort de ceux
qui l'habitent, fi tant eft qu'il ait
des habitans ?

Où la nécessité se présente, les réflexions sont superflues, je m'armai du peu de courage qui me restoit, & j'avançai en tremblant sous ces voûtes silencieuses.

CHAPITRE II.

Nouvelles des philosophes trépassés.

Je n'avois pas encore fait beaucoup de chemin, lorsque je crus voir quelqu'un venir vers moi : c'étoit un vieillard. Sa physionomie inspiroit le respect & en même temps la confiance ; il marchoit lentement, un livre sous le bras, les yeux baissés, & de l'air d'un homme qui médite profondément.

Je courus à lui, ô mon pere, m'écriai-je, où suis-je, & quelle

deſtinée m'eſt réſervée ? Raſſure-
toi, me répondit-il, tu vas habiter
une région de repos & de tranquillité.

Un matelot qui après avoir
longtemps lutté contre les eaux,
ſe ſauve à la nage & arrive au port,
ne reſſent point une joie ſi vive ;
le calme rentra dans mon ame,
& cette cave qui juſqu'alors m'a-
voit paru ſi lugubre, ne me parut
plus que tranquille.

On ne goûte point ici des plai-
ſirs bien vifs, continua le vieillard,
on n'y ſouffre pas non plus de
grandes peines. Ces ſaillies de joie
qui tranſportent les hommes, tu
ne les reſſentiras plus, mais jamais

non plus tu ne reſſentiras les trou-
bles funeſtes qui les déchirent.
Point de ces jours ſi délicieux,
point de ces orages ſi terribles.
Ton bonheur ſera comme cet inftant de l'aurore qui n'eſt point le
jour, qui n'eſt point la nuit, mais
qui tient le milieu. O mon pere,
lui dis-je, je ſerai heureux dans ce
lieu de repos, ſi ceux qui l'habitent vous reſſemblent. Mais, je
vous prie, quel nom donnez-vous
à ce ſéjour, quels en ſont les habitans ? Ce ſéjour s'appelle les
Limbes, répondit-il, c'eſt la demeure des ames de ceux qui ont
péché par ignorance, & qui ne
méritent ni récompenſe ni puni-

tion. Un tel pays seroit-il fort peuplé, demandai-je avec surprise? Prodigieusement, reprit-il, & jamais il n'y arriva tant de sujets que dans ces derniers temps. Vous me surprenez, repliquai-je, jamais siécle ne fut plus éclairé que celui-ci, c'est le siécle pensant, & vous rencontrez plus aisément un philosophe qu'un homme. Il est vrai que les sciences restent toujours concentrées dans l'Europe; l'Orient & l'Occident vous fournissent sans doute.....Très-peu, interrompit le vieillard, tout nous vient d'Europe. Expliquez-vous de grace, repris-je tout étonné, ces souterreins, dites-vous, sont habités par les ames de ceux qui péchent par ignorance : des pays du monde les plus vaſtes & où l'on ne rencontreroit peut-être pas un ſçavant, il n'arrive perſonne ; & d'un petit coin de la terre où la ſcience eſt reléguée, il en arrive en foule !

La raiſon en eſt ſimple, dit-il, l'endroit du monde où l'on péche le plus par ignorance, eſt néceſſairement celui où l'on cultive le plus les ſciences. Ce ſouterrein n'eſt peuplé que de gens de lettres, de phyſiciens, de métaphyſiciens, de philoſophes de toute eſpece, & cela doit être. Ecoute-moi un inſtant, tu vas voir que rien n'eſt plus naturel.

Les grandes vérités, continua-
t-il, les vérités essentielles, les
vérités morales, par exemple, sont
autant à la portée du peuple qu'à
la portée du sçavant. La différence, c'est que le peuple voit la
vérité & s'en tient là ; le sçavant
veut l'approfondir. Mais en ap-
profondissant, il se confond pour
l'ordinaire, & s'éblouit tellement,
qu'il ne voit plus rien. Ainsi les
fautes du peuple ne viennent pas
de l'ignorance, car il voit la vérité ;
mais celles du sçavant en viennent,
car il a cessé de voir, il s'est aveu-
glé. Demande à cet enfant qui à
peine commence à raisonner, ce
qu'il est, ce qu'il deviendra, à quel

but il doit tendre, ce qu'il doit faire pour y parvenir, ce que c'eſt que le bien & le mal, la vertu & le vice, &c : il te répondra ſans balancer, il ſçait déjà tout ce qu'il faut ſçavoir pour faire ſon bonheur & concourir à celui de la ſociété. Demande la même choſe à la plûpart des philoſophes ; les voilà qui définiſſent, diſtinguent, s'embarraſſent, s'égarent, & finiſſent par avouer qu'ils ne ſçavent rien de tout cela. L'enfant a tiré des lumieres plus ſûres de ſa nourrice, que ces ſçavans n'en ont tiré de leur philoſophie. Je puis me donner pour exemple de tout ceci. Mon nom eſt Théotime, je vivois dans les derniers temps de la république Romaine, & j'habitois une petite maison sur les bords du Tibre, mais loin de Rome, des grands & des sçavans. Je cultivois un champ que m'avoient laissé mes peres & je vivois en paix, regardant la vertu comme quelque chose de réel, adorant Dieu, & croyant que les bons & les mauvais méritoient & auroient un sort différent. Un philosophe s'écarta jusqu'au lieu de ma solitude, connut mes sentimons, eut pitié de mon aveuglement, & daigna m'éclairer des lumieres de la philosophie courante. Il m'apprit donc »que le » hazard & une matiere éternelle

»ont fait tout; que notre ame eſt
»un tiſſu délié, un réſeau qui ſe
»déchiroit à la mort; que de purs
»eſprits il n'en exiſta jamais, &
»qu'il valoit mieux dire que le
»vuide même eſt corporel, plutôt
»que d'admettre quelque choſe
»qui ne fût pas corps; qu'après la
»mort point de ſentiment, point
»de récompenſes, point de puni-
»tions, rien à eſpérer pour les
»bons, rien à craindre pour les
»méchans; que l'utilité générale
»& le conſentement commun de-
»voient être les deux grandes ré-
»gles de nos actions, mais qu'il ne
»faut jamais oublier que la peine
»eſt toujours un mal, la volupté

« toujours un bien. » De mes anciennes opinions que je ne quittois point, & de celles-ci que je ne rejettois point, il se forma dans mon esprit un cahos que je ne pus jamais débrouiller. Depuis je vécus sans principes & je mourus de même. Cela me valut les Limbes, & tu ne trouveras ici que des gens qui pour la plûpart ont vécu & sont morts comme moi.

CHAPITRE III.

CHAPITRE III.

Les métamorphoses.

Mais, dis-moi, poursuivit Théotime, comment les hommes menent-ils maintenant la philosophie, car il y a longtemps que la philosophie ne les mene plus ? N'as-tu point à cet égard quelques nouvelles à m'apprendre ?

Oui, répondis-je, & d'assez tristes. Vous sçavez qu'un des grands embarras de ces faiseurs de mondes qui veulent tout devoir à la matiere, c'est la formation des hommes & des animaux. Dans

II. Partie.　　　　B

quel temps, comment & avec
quoi ont-ils été conſtruits ? Tout
récemment on a dévoilé ces myſteres & découvert la fabrique des
êtres organiques. La nature, jeu-
ne encore, a-t-on dit, & dans l'un
de ces momens de fécondité où
elle employoit toute l'énergie de
ſes forces productives, aura formé
un animal, informe, ſi vous voulez, groſſierement conſtruit, mais
toujours un animal. Cet animal
en aura produit d'autres un peu
mieux organiſés ; chacun de ces
autres, d'autres encore un peu
mieux conſtruits, & ainſi de ſuite.
Dans certaines circonſtances, ces
générations auront varié, de-là

les différentes especes qui peu=
plent la terre ; enfin il sera survenu
une lignée mieux conduite que les
autres, qui aura donné des hom=
mes.

La branche des hommes, con=
tinuai-je, est donc parvenue à l'é-
tat où nous la voyons en se perfectionnant peu à peu & par degrés. Que dis-je ! Ne commen-
ceroit-elle pas à dégénérer ? Selon
le système, quand les especes sont
parvenues à certain état, elles
commencent à dépérir. De plus,
les physionomistes rencontrent à
chaque pas des hommes qui ont
l'aspect d'un taureau, d'un lion,
d'un ours, d'un singe, &c. Cette

branche malheureuſe touche viſi-
blement à ſa deſtruction. Il n'en
faut pas douter, les hommes vont
devenir taureaux, lions, ours,
ſinges. Déjà leurs caracteres ſe
prêtent manifeſtement à toutes ces
métamorphoſes. D'un autre côté
les quadrupedes s'acheminent rapidement à remplacer les hommes.
Que leur manque-t-il pour nous
reſſembler tout-à-fait? Il ne reſte,
obſerve-t-on très-judicieuſement,
il ne réſte au pied d'un âne, pour
devenir main, qu'à s'applatir & à
ſe fendre. Cela commence à ſe
faire dans la patte du lion, & la
choſe eſt encore plus avancée dans
l'ours. Ainſi quand les hommes,

en dégénérant, auront defcendu au rang des quadrupedes ; les quadrupedes, en fe perfectionnant, auront monté au rang des hommes. Alors les chevaux devenus écuyers, monteront les écuyers devenus chevaux, & le lievre devenu chaffeur affaffinera le chaffeur devenu lievre.

Voilà une révolution bien terrible, reprit Théotime ; mais à force de dégénérer, que deviendront enfin les hommes, car dans une telle viciffitude ils ne peuvent pas toujours refter taureaux ou finges, chevaux ou lievres.

Nos fyftématiques, repliquai-je, foupçonnent qu'à la fin ils dif-

paroîtront pour jamais de la nature, ou qu'ils continueront d'y refter fous d'autres formes & avec
d'autres facultés. Mais je crois
qu'en cela ils s'acharnent un peu
trop contre l'efpece humaine. Car
enfin les hommes dégradés jufqu'au point d'où ils font partis dans
leur origine, ne pourroient-ils pas
en partir de nouveau, & regagner
peu à peu l'état de perfection ?
D'où vient n'iroient-ils pas perpétuellement d'une extrémité à l'autre, en paffant par les mêmes
nuances? Nous avons des poiffons
volans qui tiennent de l'oifeau,
des oifeaux fans plume qui tiennent du quadrupede, des quadru-

pedes dont les traits approchent ſi
fort des nôtres, qu'on les pren-
droit pour des hommes ſauvages.
Ne ſeroit-ce point là les entrepôts
des générations ? Ne deviendrons-
nous point quadrupedes, puis
oiſeaux, & enfin poiſſons ? Quand
nous ſerons poiſſons, ne recom-
mencerons-nous point à devenir
oiſeaux, quadrupedes, hommes
enfin ? Nous mettrons entre ces
révolutions tant de ſiécles qu'on
voudra ; à l'exemple de nos philoſophes, nous ferons des ſorties ſur
l'immenſité de la durée, les millions de millions d'années ne nous
coûteront pas plus que des inſ-
tants.

Et les plantes, dit Théotime,
n'en est-il point question?

Point du tout, repris-je, & c'est
ce qui me surprend. Car enfin
tandis qu'on y étoit, il n'en eût
pas coûté davantage de remonter
jusqu'à elles. Au lieu de dire que
la nature forma d'abord un animal,
pourquoi ne pas dire qu'elle forma
une plante? Cette plante en aura
produit d'autres; de ces autres,
quelqu'une aura produit des zoophites; de ces zoophites quelqu'un
aura produit les animaux & les
hommes, & voilà une histoire naturelle complette des deux regnes.
Les hommes s'occupent à faire

des établissemens durables, à po-
licer leurs états, à cultiver les
sciences ; ils ne sentent pas, les
infortunés, que la nature les cour-
be peu à peu vers la terre & va
bientôt en faire des quadrupedes,
qu'ensuite elle les changera en
poissons, qu'enfin elle leur don-
nera des feuilles, des branches,
des racines & en fera des plantes.
Hélas ! (car toutes les révolutions
possibles peuvent déjà avoir eu
lieu) ces arbres que nous déraci-
nons, que nous coupons par morceaux, que nous brûlons, sont
peut-être des hommes comme
nous, mais des hommes dégéné-

rés ; nos defcendans, on les ha-
chera, on les brûlera comme
eux.

CHAPITRE IV.

Vue des Limbes.

Tout en difcourant, j'obfervois qu'à mefure que nous approchions de l'embouchure de la cave, la lumiere qui nous éclairoit augmentoit proportionnellement. Enfin quand nous vinmes à en fortir je fus frappé du plus beau fpectacle que j'euffe vu de ma vie, & j'en ai vu quelques-uns. Une région de lumiere s'offrit à mes yeux. Nous entrâmes dans un fouterrein creufé en rond, qui au premier coup-d'œil me parut immenfe, & me sembloit un monde. Les objets qui se présentent, quand de dessus quelque hauteur nos yeux se promenent sur les environs, je les retrouvai, mais d'une toute autre nature, & dans un ordre bien différent. Dans les Limbes, les corps donnent de la lumiere, la plus grande partie sont transparens, tout y est visible par soi-même. Le plein midi des habitans de la terre éclaire moins & fatigue plus.

J'appris depuis que cette sphere lumineuse a près de soixante lieues de diametre. Dans ce monde supérieur nous habitons une surface convexe, dans ce monde inférieur on habite une surface concave.

Imaginez des fourmis qui rampent de tous côtés dans l'intérieur d'un balon de verre, c'est ainsi que les habitans des Limbes marchent dans l'intérieur de leur habitation. En quelque endroit qu'on se trouve on en découvre la sphere entiere, & l'on ne perdroit pas un des objets qui s'y rencontrent ; l'air y est si net que la vue perce sans trouver le moindre obstacle.

Entre autres choses, les végétaux sont diaphanes, & comme chacune de leurs parties conserve sa couleur naturelle, on diroit que la substance des pierreries les plus précieuses s'est jettée en moule pour les composer. Leurs écorces semblent des tissus de chrysolithes, leurs feuilles autant d'émeraudes, leurs fleurs des assemblages de saphirs, de topazes & de rubis. Quel spectacle devoient offrir des arbres de cette nature, tantôt rassemblés confusément & formant des bosquets, tantôt allignés & formant des allées de plusieurs lieues de long, quelquefois entrelaçant leurs rameaux & formant des berceaux & des couverts immenses.

Les pierres que fournissent les Limbes sont la plûpart à demi-transparentes. Nos marbres les plus beaux, nos agathes, n'ont rien de comparable. Ceux des

philofophes qui ont du goût pour
l'architecture, s'amufent quelquefois à les mettre en œuvre ; ils en
ont bâti des portiques, des colon-
nades, des morceaux de tout genre & de tout ordre.

On découvre encore d'efpace
en efpace des parterres, dont les
compartimens variés mêlent quelque chofe de riant à la majefté du
fpectacle. Une eau lumineufe y
joue en mille manieres ; là elle
s'élance impétueufement & retombe en pluie de feu ; ici elle fe
précipite en cafcade, & fait jaillir
au loin des millions d'étincelles ;
ailleurs elle trace en l'air des py-
ramides, des arcades, des pieces

rayonnantes de toute espece.
Chacun de ces objets en particulier a de quoi ravir; qu'on juge
quelle impreſſion ils doivent faire,
vus enſemble & d'un coup d'œil.

Je crains qu'on ne prenne tout
ceci pour une fable; mais je m'en
rapporte à ceux qui connoiſſent
les reſſources de la nature, & qui
ſçavent qu'un diamant ne lui coûte
pas plus qu'un grain de ſable.

Tu vois, me dit Théotime, la
demeure des philoſophes & la
tienne. Tes yeux t'accoutumeront
à ce magnifique ſpectacle, & l'ad-
miration où je te vois plongé ſe
diſſipera bientôt; ce n'eſt pas tant
la choſe qui t'étonne que la nouveauté.

veauté. Ecoute & apprends la carte du pays.

Nos géographes ont divisé les Limbes en différentes régions. A ta gauche s'étendent les vastes plaines de la physique. C'est le pays des Limbes le plus divertissant, & qui offre le plus de curiosités. Tous les jours on y découvre des nouveautés, & jamais on ne découvrira tout. Le malheur est qu'on ne peut rien approfondir. On y voit beaucoup de choses, mais on les voit mal, quoiqu'on ne manque ni de lunettes ni de microscopes. Les objets qui intéressent le plus la curiosité, sont tous ou trop petits ou trop grands,

Partie II.   C

les yeux s'y perdent. Ce qu'on croit appercevoir, on ne fait fouvent que fe le figurer : de-là vient que vis-à-vis du même objet, l'un voit une chofe, l'autre une autre, & fouvent aucun ne voit ce qui en eft. C'eft un pays d'illufions, & l'on ne peut trop y être fur fes gardes.

A ta droite tu découvres le canton de la morale, la plus belle région de tout le pays philofo-phique, & cependant la moins habitée. Elle eft bordée par plufieurs chaînes de collines hériffées de roches, ce qui en rend l'entrée très-difficile. Mais dans l'intérieur les délices qu'on y

goûte, dédommagent bientôt celui que les fatigues n'ont point
découragé. Aux premiers efforts
qu'on fait pour y pénétrer on est
effrayé des obstacles; aux premiers
pas qu'on fait après les avoir sur-
montés, on est enchanté du cli-
mat. Le sol y est d'une fécondité
inépuisable & donne des fruits délicieux. Nulle part on ne respire
un air si pur; & il s'y présente à
chaque instant, des points de vue
qui ravissent. Un si beau pays est
pourtant presque désert.

Leve les yeux & regarde à perte
de vue le quartier des métaphysi-
ciens. C'est l'endroit de cette habitation où la lumiere philosophi-

que dont nous jouiſſons, éblouît
le plus & éclaire le moins. Les
objets y ont ſi peu de conſiſtence,
qu'ils échappent au toucher, &
ſemblent n'avoir pas plus de corps
que l'ombre. Le terroir eſt inépui-
ſable en productions de ce genre.
Il s'y rencontre auſſi très-fréquem-
ment des gouffres dont on n'a jamais pu ſonder la profondeur.

CHAPITRE V.

Qu'en pensez-vous ?

Mais en quel coin du monde sommes-nous, demandai-je à Théotime ? D'où procede la lumiere qui nous éclaire ? Quel feu illumine tant d'objets sans en échauffer aucun ? Quelle vertu enflamme tout & ne brûle rien ?

C'est ce que nous cherchons & ne trouvons point, reprit-il. Nous avons pourtant tout lieu de croire que nous habitons le centre de la terre. Les objets se fixent & se soutiennent sans tomber, ou par

un effet de l'attraction, comme
disent les Newtoniens, ou par une
force centrifuge, comme disent
les Cartésiens, ou par quelque
autre raison que personne ne dit.
Quant à la lumiere, elle est sans
doute d'une nature électrique.
Mais qu'est-ce que l'électricité
elle-même ? C'est ce que nous ne
sçavons point.

Un jour nous nous étions as-
semblés pour aider de nos avis, un
des nôtres qui étoit en grande
peine. Il faisoit avec ce que nous
appellons matiere, & qui selon lui
n'en étoit point, des ames immortelles par leur nature. Il en faisoit
pour l'homme, pour les animaux,

même pour les huîtres, il en auroit fait pour leurs écailles. Mais
dans son système en admettant le
fond de tout ce que nous voyons
dans l'univers, il ne pouvoit s'empêcher d'en exclure tout ce que
nous y croyons voir. Par exemple,
il ne vouloit point entendre parler d'espace, d'étendue, de mouvement, de figure. Il disoit que
ces choses, & toutes les autres de
ce genre, n'existoient qu'en apparence. Et à la place de tout cela,
sçais-tu ce qu'il mettoit dans les
substances ? des changemens dont
on ne se pouvoit faire aucune idée,
& des perceptions qu'on n'appercevoit pas mieux.

C iv

Un tel homme, dis-je à Théotime, n'auroit pas pris auprès de
ceux qui sont dans l'habitude de
rejetter tout ce qu'ils ne compr'en-
nent pas nettement:

Les principes qu'on ne conçoit
pas, repliqua Théotime, on les
examine sous différens points de
vûe. Ou bien, ils menent à une
opinion que nous ne voulons point
adopter, & pour lors on les nie
sans balancer; en effet, dit-on,
quel fond pouvons-nous faire sur
une maxime inintelligible? Ou
bien ils menent à une opinion que
nous favorisons, & alors on ne
trouve pas la moindre difficulté à
les admettre : on considéré que

souvent rien de plus faux que ce
que nous croyons entendre, rien
de plus vrai que ce que nous ne
fçaurions concevoir. Ou enfin ces
principes menent à des opinions
qui nous font indifférentes, &
pour lors on ne les nie point, on
ne les admet point, on les laiſſe
pour ce qu'ils font. De-là cette
diverſité de ſentimens auſſi ancienne que la philoſophie & née
avec elle. Aujourd'hui, par exemple, (au moins l'ai-je appris ainſi)
tout eſt matiere dans certains pays,
dans certains autres tout eſt eſprit.
En Angleterre l'eſpace eſt vuide,
en France tout eſt plein, en Allemagne il n'y a ni vuide ni plein.

Quand on dort en Angleterre on ne penſe plus, quand on dort en France on continue de penſer, ſi vous dormez en Allemagne vous aurez des perceptions que vous n'appercevrez point, vous penſerez ſans penſer. On ſe décide pour ou contre, ſuivant que l'exige l'intérêt de l'opinion qu'on a à ſoutenir. Ici comme ailleurs, à préſent comme autrefois, c'eſt l'uſage.

Mais dans les circonſtances dont je te parlois, continua Théotime, un des nôtres nous conſultoit & tout intérêt de ſecte à part chacun donnoit ſon avis. Nous tâchions donc d'arranger les choſes, & de bâtir un monde qui n'occupât

point de lieu, avec des élémens
qui fuſſent par-tout & ne ſe trou-
vaſſent nulle part : lorſqu'un nouveau venu entra bruſquement,
»O pere des Monadiſtes, s'écria-
»t-il, où es-tu? que je t'embraſſe,
»que je te félicite. Tu l'avois de-
»viné & je ſuis vaincu. Je ne vou-
»lois pas croire que la terre eût ja-
»mais été un amas de minéraux em-
»braſés, fondus & vitrifiés. Ce que
»je n'ai pas voulu croire, je le vois
»maintenant. Ecoutez, mes freres,
»continua-t-il, en adreſſant la pa-
»role à toute l'aſſemblée, il y a
»quarante jours que je ſuis ici,
»j'en ai employé trente-neuf à
»voyager dans la ſphere lumineuſe

«que nous habitons, & j'ai vu que
«chez les philosophes, tout est
«de verre. Je me suis rappellé
«l'assertion de Leibnitz, qui a re-
«gardé la terre comme un soleil
«éteint & refroidi, & j'ai dit, la
«matiere vitrifiée qui formoit le
«globe terrestre, n'a été travaillée,
«divisée, changée qu'à sa surface
«& à une certaine profondeur; le
«surplus a resté verre, c'est le
«noyau du globe. Ce noyau est
«creusé vers le centre, & c'est ce
«vuide que nous habitons.» On
dit au Leibnitzien que cela pourroit bien être, & on inscrivit sa
théorie sur le regiftre de nos fan-
taifies philofophiques, avec cette

noté, *bon pour servir de preuves à la cosmographie de quelques modernes.*

Ces propos en amenerent d'autres, l'attention se tourna du côté des mondes, c'étoit à qui imagineroit les arrangemens les plus singuliers. Enfin au bout de quelques jours on proposa trois problêmes célebres, dont probablement on parlera encore long-temps. Les voici.

« On demande premierement si « dans le nombre infini de planet- « tes ou de terres habitables qui « roulent dans l'espace, il ne s'en « trouveroit point qui soient creu- « sées & habitées en dedans, &

»dont l'extérieur foit défert. La
»nature ne fe répete guere, des
»planettes creufes & peuplées en
»dedans font affurément très-pof-
»fibles, & fans doute il n'eft point
»de variétés poffibles qui n'exif-
»tent quelque part. Témoin le
»célébre géometre qui connoît
»des aftres qui reffemblent à des
»meules.

»On demande de plus, fi Mer-
»cure entr'autres & Saturne ne
»font point dans ce cas. Car Mer-
»cure eft fi près du Soleil, qu'on
»ne conçoit pas comment fa fur-
»face externe feroit habitée; il y
»fait trop chaud. Saturne, au con-
»traire, eft prodigieufement éloi-

»gné, il y fait trop froid. L'inté-
»rieur de ces planettes seroit tem-
»péré comme nos caves, & il y
»seroit fort bon vivre & multiplier.

» On demande enfin, si la terre
»en particulier ne seroit point
»un assemblage d'orbes emboîtés
»les uns dans les autres, & ne
»formeroit point une sorte de
»maison à plusieurs étages, dont
»nous occuperions le plus bas. Si
»au-delà de nous il ne se trou-
»veroit point un entre-sol, puis
»un premier, puis un second qui
»seroit la surface que les hom-
»mes habitent, puis un toit de
»verre qui seroit le dernier de tous
»ces orbes & lui-même habité.

»Nous aurions bien envie de croire
»tout cela, pour plus d'une raison.
»1°. Comme on donne à la terre
» des fondemens de cristal, nous
»croyons à propos d'y ajouter un
»toit de pareille matiere, & l'on
»ne voit pas que l'un doive plus
»coûter que l'autre. 2°. Nos vues
»répondent parfaitement à cette
»économie de la nature si célé-
»brée par les physiciens, Les hom-
»mes, les animaux, les plantes, &
»l'écorce de la terre dont ils tirent
»leur nourriture, ne sont rien en
»comparaison de la masse totale
»du globe terrestre. Cette masse
»auroit-elle été formée pour cette
»écorce, ce tout pour ce rien?
3°.

» 3°. Comme nous aurons des lo-
» gemens de reste, & de toute ef-
» pece, nous ne nous trouverons
» point dans l'embarras de Wifton,
» qui ne fçauroit affigner de de-
» meure commode aux ames des
» bienheureux, fi ce n'eft celle
» que le feu leur préparera au der-
» nier jour en embrafant toute la
» terre. Au furplus les Newtoniens
» fçavent très-bien que tous ces
» orbes peuvent s'emboîter les uns
» dans les autres, & fe foutenir cha-
» cun fur un centre commun, fans
» fe toucher, & fans qu'il furvienne
» le moindre inconvénient.

» Enfin nous defirerions bien
» pouvoir démontrer la réalité de

» ce que nous ne faiſons que con-
» jecturer, car du reſte nous n'igno-
» rons pas que l'on ne peut nous
» en démontrer l'impoſſibilité. On
» ne peut pas dire, cela n'eſt point :
» mais nous voudrions pouvoir
» dire, cela eſt, & le prouver. «

CHAPITRE VI.

Autres possibilités à perte de vue.

JE reviens à la géographie des Limbes, poursuivit Théotime ; chacune des contrées dont je t'ai fait la description, se sous-divise par cantons, & chaque secte habite le sien.

Vois-tu dans les plaines de la physique ce magnifique obélisque qui s'éleve sur le côteau voisin ? Il porte cette inscription : *LES TOURBILLONS AYANT ÉTÉ ANÉANTIS ; LA MATIERE SUBTILE EXPULSÉE ET REM-*

PLACÉE PAR LE VUIDE; LA
LUMIERE ANATOMISÉE ET
RENDUE A SA SOURCE; LES
PLAINES CÉLESTES, BALAYÉES;
TOUTE LA MACHINE DU MONDE
RÉTABLIE; CE MONUMENT A
ÉTÉ ÉLEVÉ A *NEWTON* LE
RESTAURATEUR. Les Newto-
niens habitent aux environs de cet
obélisque.   A quelque distance
vers la droite, demeurent les Ato-
mistes; ils sont alliés des Newto-
niens, & c'est parmi eux que j'ai
fixé ma demeure.

De l'autre côté tu vois le canton
des Cartésiens. Ils ont aussi dressé
un monument à leur fondateur, &
d'une fabrique singuliere. Ici le

point de vue est défavorable, tu
ne l'apperçois que de côté & im-
parfaitement. Après avoir fait un
amas de matieres transparentes &
lumineuses, de toute espece, les
Cartésiens en couvrirent une étendue de terrein de près d'une de-
mi-lieue, mais avec tant d'art
que si de l'hémisphere opposé on
vient à lever les yeux, on apperçoit sur sa tête & à perte de vue,
un magnifique transparent, qui à
cause de l'éloignement ne paroît
plus que d'une vingtaine de toises
d'étendue. On y lit en lettres de
feu : *A CELUI QUI ENFIN EST
VENU ET A RENDU AUX HOMMES
LA FACULTÉ DE PENSER.*

Autour de cette superbe inſcrip-
tion, on a repréſenté des jeux
d'enfans. Les uns jouent aux dés,
avec des cubes de matiere premiere; les autres au balon avec
des tourbillons; d'autres aux bou-
les avec des planettes; d'autres...
mais au premier moment un coup
d'œil t'inſtruira plus que tout ce
que je te pourrois dire. Par ces
emblêmes, les Cartéſiens ont voulu ſans doute faire entendre que
tous les objets à ſyſtême n'étoient
qu'un jeu pour le vaſte génie de
leur maître.

Telle eſt la demeure des philoſophes, continua Théotime; là,
comme de leur vivant, ils diſcou-

rent, difputent, vont dans leurs
recherches le plus loin qu'il eft
poffible, & s'égarent à proportion :
ils font toujours ce qu'ils ont été.
Comme ils ne méritent ni grande
peine, ni grande félicité, ils n'ont
ni l'une ni l'autre ; ils s'amufent
quelquefois, quelquefois s'en-
nuient, & paffent le temps comme ils peuvent.

De temps en temps les fectes
s'adreffent des députations, & fe
propofent mutuellement des problêmes philofophiques. Il n'y a
gueres qu'un mois qu'un de ces
exercices devint fameux par la fin-
gularité des problêmes qu'imagina
un de nos Atomiftes mitigés, &

D iv

qu'il proposa aux disciples de Descartes.

Nous reçûmes d'abord les en-
voyés des Cartésiens. Ils nous demanderent premierement quelle
étoit la cause de la liaison, de la
cohésion des parties qui composent les corps; & nous répondîmes, l'attraction. Ils nous demanderent secondement quelle
étoit la cause de la défunion de
ces mêmes parties, quand elle
n'arrivoit pas par la violence de
quelque choc; & nous répondîmes, l'attraction. Ils nous demanderent troisiémement quelle
étoit la cause de la formation &
de la conservation des corps or-

ganiques ; & nous répondîmes
l'attraction. Ils nous demanderent
quatriémement quelle étoit la
cause de leur destruction spon-
tanée ; & nous répondîmes, l'attraction. Ils finirent par nous demander ce que c'étoit que l'attraction ; & nous leur dîmes que
nous l'ignorions : mais qu'elle
faisoit & défaisoit tout, & que
nous avions très-sçavamment répondu.

Les disciples de Descartes s'en
retournerent peu satisfaits de nos
réponses, & nous restâmes peu
contens de leurs questions. Cependant le temps de notre députa-
tion arriva, les Atomistes s'assem-

blerent, & d'une voix unanime, Euménides fut chargé de la commiſſion.

Euménides parut donc au milieu des Cartéſiens, & leur dit : » Diſciples de Deſcartes , pour- » riez-vous concevoir & expli- » quer comment Dieu aura pu » former la matiere au commen- » cement des temps? « Euménides s'aſſit & ſe tut ; & perſonne ne répondant à ſa queſtion, il reprit en ces termes : » Dieu éternel, im- » menſe & tout-puiſſant, aura pu » ordonner que certaines étendues » de l'eſpace immenſe & éternel » comme lui, devinſſent impéné- » trables. A ces étendues deve-

» nues impénétrables, il aura pu
» imposer les loix du mouvement,
» de l'attraction, de la cohésion,
» &c. Ces étendues ainsi considé-
» rées, seront les principes des
» corps, les élémens, les atômes ;
» & voilà de quoi bâtir l'univers
» & tout ce qu'il contient «.

» Ecoutez, disciples de Descar-
» tes, continua-t-il ; supposant que
» la matiere ait été formée, comme
» je viens de le dire, pourriez-vous
» concevoir & expliquer comment
» elle se pourra détruire dans un
» temps fixé, & sans ordre ulté-
» rieur de Dieu ? « Euménides
s'assit, se tut ; & voyant encore
que personne ne répondoit, il re-

prit : « Ne peut-il pas se faire que
» l'impénétrabilité soit établie de
» maniere qu'elle diminue conti-
» nuellement, insensiblement & ré-
» gulierement, à la prendre de-
» puis la surface où elle commen-
» ce extérieurement, jusqu'au cen-
» tre de l'élément. En ce cas, si ce
» dépérissement insensible est tel-
» lement combiné qu'il doive par-
» venir dans le même instant au
» centre de tous les élémens, ces
» élémens s'évanouiront au même
» moment ; & l'univers disparoîtra
» en un clin d'œil, sans ordre ul-
» térieur de Dieu. »

» Encore une réflexion, disci-
» ples de Descartes, puis je vous

» laisse.. Par rapport aux masses
» sensibles qu'ils composent par
» leurs combinaisons, les élémens
» sont d'une petitesse inconcevable
» ble ; mais par rapport à eux-mê-
» mêmes & à la diminution qui
» pourra leur survenir, peut-être
» sont-ils d'une grosseur énorme.
» Si cela est, à quoi se réduira en-
» fin le monde & tout ce qu'il
» contient ? Je soupçonne forte-
» ment qu'au temps qui touchera
» à l'anéantissement total, la terre
» ne sera pas plus grosse qu'une
» orange, l'Europe n'aura pas un
» pouce d'étendue & l'homme ne
» sera pas le millioniéme d'un ci-
» ron. Que dis-je ! Ne serions-

» nous pas, à l'égard de nos pre-
» miers peres (quant au volume),
» ce que les cirons sont à l'égard
» de nous ? Si les élémens ont dé-
» cru à certains point, les mesu-
» res auront aussi décru propor-
» tionnellement, & rien ne peut
» nous assurer du contraire. On
» ne veut pas croire qu'il ait jamais
» existé des géans ; & peut-être
» existoit-il, il n'y a pas fort long-
» temps, des hommes auprès des-
» quels ces géans prétendus n'au-
» roient paru que des nains de la
» plus petite espece.

» Hé bien ! disciples de Des-
» cartes, que vous semble d'Eu-
» ménides ? Vous a-t-on jamais ré-

» vélé des myſteres de cette im-
» portance ? A-t-on jamais fait,
» ſous vos yeux, des écarts de
» cette nature ? Si je vous ai an-
» noncé des vérités, eſt-il un plus
» grand philoſophe qu'Euméni-
» des ? Si je ne vous ai préſenté
» que des phantômes, eſt-il une
» extravagance pareille à la mien-
» ne ? Parlez ; ſuis-je le plus ſage
» ou le plus fou des hommes ?...
» Vous ne répondez point ! Eſt-il
» ſi peu différent d'être l'un ou
» l'autre, qu'on ne puiſſe pren-
» dre parti & juger ? «

CHAPITRE VII.

Propos.

Mais tu dois avoir befoin de repos, ajouta Théotime ; je te laiffe, tu me retrouveras au quartier des atomiftes.

Jamais, en effet, je n'eus plus befoin de me tranquillifer. J'apperçus, à quelques pas de moi, une fort belle palliffade de charmille au pied de laquelle couloit un ruiffeau. J'y allai, & je me jettai fur un gazon. Deux philofophes s'entretenoient précifément au même endroit, mais de l'autre

côté

côté de la palissade. J'appris depuis que c'étoit Aristippe & Thalès de Milet. Je ne les voyois point ; mais je ne perdois pas un mot de leur conversation.

Quoi ! si vous aviez à recommencer à vivre parmi les hommes, disoit Aristippe, vous ne seriez pas fort aise qu'on vous laissât le maître de votre sort ? vous ne vous soucieriez pas de choisir tel état que vous voudriez?

THALES.

Point du tout, je vous jure ; car je suis trés-convaincu que, par rapport au bien-être, tous les rangs, toutes les conditions sont

II. Partie. E

égales. Tirez au hazard ; le premier lot qui fe préfenrera, c'eft
mon affaire.

ARISTIPPE.

Je conçois bien pourquoi vous
n'iriez pas chercher dans les embarras de la grandeur, un bonheur
qui ne s'y trouve point ; mais je
ne conçois pas pourquoi vous
iriez, de propos délibéré, vous
jetter dans la détreffe des derniers rangs. Il eft, ce semble, un
point où pourvu d'une jufte mefure de ce qui manque en-deçà
& furabonde au-delà, on doit
être autant heureux qu'il fe peut.
Ce point eft la médiocrité, cette

aurea mediocritas si fort célébrée par ceux qui se connoissent en bonheur.

THALES.

Aussi je ne souhaiterois point être roi, je ne souhaiteroit point être laboureur ; mais je ne me soucierois pas davantage de votre médiocrité dorée : & je serai roi ou laboureur, grand prêtre de Jupiter ou portier du temple, comme on voudra. Encore une fois, tout m'est égal.

ARISTIPPE.

Mais enfin, il faut convenir qu'à tort vous ne donneriez point la préférence à un état, où vous n'auriez rien à desirer.

THALES.

Cet état ne se trouve point, & si quelqu'un ne desire rien, ce n'est pas que rien ne lui manque, c'est qu'il sçait se passer de ce qu'il n'a pas. Le monde est comme une foire où le peuple se promene, chacun regarde & dit, que de choses me manquent! Socrate regarde aussi & dit : que de choses dont je n'ai pas besoin! Ne croyez pas pour cela que rien ne manque à Socrate ; mais ce qu'il n'a pas, il s'en passe volontiers & sans chagrin : ce que les autres n'ont pas, ils ne s'en passent que malgré eux & avec peine.

ARISTIPPE.

Au moins eſt-il de ces états, où l'on a moins à deſirer que dans d'autres.

THALES.

Il n'en eſt point non plus. Examinez bien les différentes conditions de la vie, & ce qui y tient de près & de loin, vous trouverez que tout eſt égal ou compenſé à l'égard des objets de deſirs. Il eſt de ces objets pour tel état, il en eſt d'autres pour tel autre, & le ſceptre à les ſiens. Voyez Alexandre : preſque toute la terre eſt à lui, mais ſon ambition eſt encore plus vaſte, il s'afflige ; on lui dit qu'il eft dans l'efpace une infinité de mondes, une infinité de terres, & il n'en voit qu'une à fes pieds : fon defir feroit d'y voir tout l'univers.

ARISTIPPE.

Mais tous les hommes feroient-ils également heureux ou malheureux !

THALES.

Je ne dis pas cela ; je dis feulement que les différentes conditions ne font pas plus propres les unes que les autres, à les rendre heureux ; & qu'en vain vous chercheriez à faire la félicité de quelqu'un en le plaçant dans un dégré plutôt que dans un autre. En entrant dans la vie, nous y apportons le germe de notre bonheur ou de nos malheurs futurs; & ce germe se développe dans quelque état que nous nous trouvions en commençant à nous connoître. Il est des biens & des maux qu'un enchaînement de causes amene par des voies obscures où la prudence humaine ne sçauroit percer; il en est d'autres qui procédent manifestement de nous-même & de notre conduite : ces biens & ces maux on les éprouve dans quelque état qu'on soit. Si vous êtes Pompée vous aurez à soutenir une guerre qui décidera de votre fort & de celui de toute la terre ; vous perdrez la bataille ; & vous vous réfugierez chez un ami qui vous affaffinera. Si vous êtes Socrates, vous étudierez la grammaire ; vous ferez pauvre, vous épouferez une méchante femme ; puis vous direz une vérité méthaphyfique, & vous en perdrez la vie. Etes-vous prodigue ? la plus grande fortune fondra entre vos mains. Etes-vous économe ? vous vivrez à l'aife dans l'héritage le plus borné. Il eft des riches de mille livres de rente, & des pauvres de cent mille écus de revenu. Si l'on a de l'ambition & qu'on soit paysan, on souhaite être magistrat ; l'on est magistrat, on souhaite être prince : cette passion nous tourmentera sur le trône même ; nous voudrons être maîtres des autres maîtres. Ainsi avec de l'ambition vous ne gagnerez rien à être souverain ; & sans ambition, il vous est égal d'être roi ou magistrat, prince ou paysan ; vous êtes content de vorre état.

ARISTIPPE.

Où donc chercher la félicité ?

THALES.

Dans soi-même. Il faut naître avec cette tournure d'esprit si

nécessaire au bonheur, avec cet
heureux penchant à se conten-
ter de ce qu'on est à tous égards:
Si la nature le refuse, il faut que
la réflexion le donne ; & celles
que nous faisons ici sont très-pro-
pres à y conduire. Sçavez-vous
ce qui m'a ouvert les yeux sur
tout cela ? L'observation. J'ai
fréquenté quelque temps la cour
de Crésus ; c'étoit un bon prince, la preuve en est qu'il aimoit
son peuple, & en étoit aimé. Je
ne demeurois point à la cour,
mais dans une jolie campagne à
une petite lieue de la ville. Mon
plus proche voisin étoit un jardinier nommé Irus, qui faisoit

subsister une assez nombreuse famille du travail de ses mains. Irus
étoit doux, laborieux, économe
& aussi bon pere de famille que
Créfus étoit bon roi. J'observai
même que le fond de leur caractere étoit tout semblable. Tant
de conformité entre deux hommes d'un ordre si différent, piqua
ma curiosité. Je me mis en tête de
suivre l'un & l'autre du plus près
qu'il me seroit possible, & d'examiner quelle mesure de bonheur
la fortune attachoit si haut & si
bas, vis-à-vis de deux ames de la
même trempe. Créfus ne sçavoit
auquel entendre : des audiences
à donner, des ordres à expédier

des affaires à juger ; que sçais-je,
moi : je le voyois presque tous
les jours accablé de soins de toute espece, & je disois : pauvre
roi de Lydie, que n'es-tu le jardinier de mon village. D'autre
fois je voyois Irus travailler la
terre du matin au soir, exposé
aux vents, à la pluie, au soleil,
& je disois : pauvre jardinier que
n'es-tu le roi de Lydie. Crésus se
maria, & fit éclater sa joie par les
fêtes les plus magnifiques : les
jeux, les spectacles, les amuse-
mens de tout genre se succéderent
rapidement, & pendant une se-
maine entiere il n'y eut point de
nuit. La tête encore toute éton-

née, je retournai à mon village en disant, la chose est décidée, il n'y a que des Crésus qui puissent être heureux à certain point. A mon arrivée je trouvai Irus au milieu de ses amis ; il célébroit la naissance d'un fils. Sa table étoit couverte des meilleurs fruits de son jardin ; un vin vieux dont il n'usoit que dans ces sortes de fêtes, couloit abondamment ; la sérénité étoit peinte sur tous les visages, & la joie la plus pure animoit toute l'assemblée. Hé quoi ! dis-je en moi-même, n'étoit-ce pas ainsi que se réjouissoient ceux du siécle d'or ; pour le moins cette joie vaut bien l'autre ; Irus dans son

obscure simplicité, goûte autant
de plaisir que Crésus dans la pompe & l'éclat. Tantôt un incendie
mettoit en cendre un des palais du
roi & un vent de nord brûloit la
moitié des arbres fruitiers du jardinier, tous deux étoient chagrins;
tantôt Crésus contemploit ses richesses, ses peuples, ses forces,
il étoit heureux; de son côté Irus
voyoit le progrès de ses planta-
tions, tout prospéroit & son cœur
nageoit dans la joie. De part &
d'autre, je trouvois mêmes peines
& mêmes plaisirs, même mesure
de l'un & de l'autre, il n'y avoit
que l'objet qui différât, & qu'importe l'objet? Je commençois donc

à croire que la joie & le chagrin
font également de tous les états,
& que les différentes conditions
fe valent bien. Un jour Créfus fit
une partie de chaffe ; quelques-
uns des fiens pourfuivoient un cerf
qui s'élança dans le jardin d'Irus,
les chiens le fuivirent, les chaf-
feurs auffi, en un moment le jardin
fut bouleverfé : le bon Irus faillit
d'en mourir de douleur. J'avois
tort, dis-je alors, il n'eft rien tel
que d'être maître : fi Irus étoit un
grand feigneur, on refpecteroit des
jardins qu'il n'entretiendroit que
pour fon amufement, mais parce
qu'il n'eft qu'Irus, on lui en ravage
un qui le nourriffoit. Quelque
temps après le roi de Perfe, à la

tête d'une armée victorieufe, fit,
comme vous fçavez, une irruption
dans la Lydie, Créfus fut détrôné,
Irus fut fait efclave. Je pleurai fur
le fort de l'un & l'autre, & termi-
nai mes obfervations en difant,
je veux bien être roi, je veux bien
être jardinier, & je ne me foucie
pas d'être l'un plutôt que l'autre;
je vivrai tranquillement dans mon
état, jouiffant des biens & fuppor-
tant les maux qui y font attachés;
je n'en defirerai point un autre;
car dans un autre, mon caractere
m'y feroit trouver une égale mefure de bien & de mal. Le defir fe
doit à la vertu, l'averfion au vice,
l'indifférence à tout le refte.

CHAPITRE VIII.

CHAPITRE VIII.

La moitié d'un monde à gagner.

Soit que mes discoureurs s'éloignassent, soit que le sommeil me gagnât, je cessai de rien entendre, & je m'endormis.

J'ai tort, on ne dort point dans ce pays-là, on entre en extase. L'esprit travaille perpétuellement. Vous vous trouvez environné de substances, de formes, de modes, d'accidens, de propriétés, de facultés ; vous vous perdez dans l'espace & la durée ; l'infini vous absorbe. On cherche, on affemble, on combine, on décompofe, & du tout il ne réfulte rien. Ainfi, dormez ou veillez, penfez ou rêvez, c'eft la même chofe dans le monde philofophique.

A mon réveil, ou au fortir de mon extafe, comme on voudra, je vis toute la fphere des Limbes en agitation. Les philofophes fe réuniffoient de toutes parts, fe diftribuoient par pelotons & fe parloient avec chaleur; je crus même remarquer dans eux quelques fignes d'inquiétude.

Je me rendis en diligence au quartier des Atomiftes. De fi loin que Théotime m'apperçut il vînt à moi ; j'ai des nouvelles à t'apprendre, dit-il, un génie vient d'arriver aux Limbes, & a publié cette lettre :

AZARIEL

A tous les habitans des Limbes, SALUT.

» Je suis l'un des ministres du » prince des Génies : mon emploi » a été de présider au bonheur des » hommes, & dès l'origine on me » donna au genre humain, comme » on donne un gouverneur à un » enfant. Mon éleve ne m'a point » fait honneur. Je l'ai pris par la » douceur, & il s'est gâté ; je l'ai » puni féverement, & il m'a paru

» pire qu'auparavant ; placé dans
» toutes sortes de situations, il n'est
» devenu ni meilleur ni plus heu-
» reux. Je l'ai tiré des forêts, je l'ai
» mis en société, je lui ai appris à
» lire & à écrire ; son esprit s'est
» développé, sa félicité a toujours
» resté au même point. On a beau
» faire, les têtes humaines sont
» trop étroites, il n'y entrera ja-
» mais qu'une très-petite mesure
» de bon sens & de bonheur.

» Fatigué de tant de soins & re-
» buté du peu de succès, j'ai pré-
» senté une requête au prince des
» Génies pour lui demander ma
» retraite ; elle m'a été accordée.
» J'ai demandé aussi la permission

»de bâtir une demeure, un petit
»monde dans quelque coin du
»vuide, on m'en a encore laissé le
»maître. J'ai donc parcouru l'es-
»pace & visité les étoiles, & tout
»bien considéré, je me suis déter-
»miné à m'établir entre les deux
»roues de derriere du grand Cha-
»riot.

»Pour mettre la main à l'œuvre
»il ne me reste plus qu'à bien choi-
»sir un plan, car mon desir seroit
»de construire une habitation sûre,
»commode & agréable. Je m'a-
»dresse à vous, habitans des Lim-
»bes, persuadé que vous occupant
»de ces sortes d'objets depuis tant
»de siécles, vous ne manquerez

» pas de me donner tous les éclair-
» cissemens néceſſaires. Vos avis
» me ſuffiront, je me charge de
» l'exécution, & dès ce moment
» je donne la moitié du monde que
» je bâtirai, à celui d'entre vous
» qui m'en aura fourni le plan.

» Que les états philoſophiques
» s'aſſemblent donc, dans ſix heu-
» res Azariel vous attend au lieu
» ordinaire de vos aſſemblées gé-
» nérales. »

Tu vois, pourſuivit Théotime,
comme tout eſt en émotion autour
de nous ; la choſe en vaut la peine,
il ne s'agit pas moins que de l'ac-
quiſition de la moitié d'un monde ;
ſans doute on va faire d'étranges

efforts pour la mériter. Le lieu de nos assemblées générales est dans la plaine du vuide, c'est une vaste campagne de la dépendance des Newtoniens. Il y a un peu loin d'ici, partons, je t'attendois pour t'y conduire.

CHAPITRE IX.

En auriez-vous fait autant ?

En une demi-heure de chemin nous arrivâmes sur les confins de la métaphysique tout auprès d'un gouffre appellé le gouffre des substances. Là, je vis une magnifique piece d'eau qu'on nomme la fontaine de la vertu. Du centre d'un bassin octogone s'éleve un groupe de trois femmes en marbre blanc, & de grandeur naturelle. Ces trois femmes sont la Vertu, la Loi & la Décence. La Loi paroît marcher en avant, la Vertu la suit. Celle-ci leve les yeux au ciel, & s'appuie d'une main fur la Décence. De l'autre main elle tient une coupe d'où jaillit un filet d'eau qui retombe en pluie & arrofe des fleurs qui naiffent fous fes pas.

Tu vois, me dit Théotime, un des plus beaux morceaux des Limbes. Continuons notre route, chemin faifant, je te raconterai à quelle occafion cette fontaine a été bâtie. Théophrafte le botanifte, s'eft appliqué particulierement à l'hiftoire naturelle des Limbes ; il n'y a pas ici une feule production dont il ne défigne la nature & les propriétés. Il y a quelque temps qu'en fe promenant dans ce can-

ton, il apperçut une aſſez petite
plante, qui juſqu'alors avoit échap-
pé à ſes recherches. Surpris de
cette nouveauté il examina la
plante avec attention, en fit l'ana-
lyſe, la mît à des épreuves de tout
genre, & enfin y trouva des vertus
qui vont t'étonner.

Un jour il ſe préſenta dans une
de nos aſſemblées, « Habitans des
» Limbes, nous dit-il, j'ai fait une
» découverte qui ne peut s'appré-
» cier. J'ai trouvé une plante cé-
» phalique qui fortifie la mémoire,
» vivifie l'imagination, aiguiſe l'en-
» tendement, & cela juſqu'au pro-
» dige. Je l'ai nommée l'herbe aux
» ſciences. C'eſt un tréſor que je

»n'ai pas voulu vous cacher plus
»longtemps. Recueillons la graine
»d'une plante si précieuse, se-
»mons-en dans toute l'étendue
»des Limbes, & tâchons d'en faire
»parvenir jusqu'aux habitans de la
»terre.«

La chose parut mériter la plus
grande attention. On ne crut rien
de mieux que de nommer des
commissaires les plus éclairés qu'il
se pourroit, avec plein pouvoir de
prendre à l'égard de l'herbe aux
sciences, tels arrangemens qu'ils
jugeroient à propos.

Dès le lendemain les commissaires tinrent leurs conférences, &
dresserent le procès verbal suivant.

»Nous commiſſaires nommés
»pour examiner les propriétés de
»l'herbe aux ſciences, & voir quel
»parti on en doit tirer, avons fait
»comparoître Théophraſte le na-
»turaliſte, & l'avons interrogé ſur
»faits & articles, comme il ſuit.«

»Interrogé de quelle maniere
»l'herbe aux ſciences avoit agi ſur
»lui, & comment il s'en trouvoit
»actuellement : a répondu que ſi-
»tôt qu'il en avoit fait uſage il
»s'étoit préſenté à ſon eſprit mille
»idées confuſes qui l'étonnoient
»ſans l'éclairer ; qu'enſuite ces
»idées lui avoient ſemblé ſe dé-
»brouiller peu à peu, ſe ranger
»avec ordre dans ſon eſprit, &

»former une chaîne de connoissan-
»ces qui embrassoit tout ; qu'enfin
»en y regardant de plus près cette
»chaîne lui avoit paru se rompre
»& ces connoissances s'évanouir,
»& qu'actuellement il travailloit
»à en faire une autre qui eût plus
»de consistence & de solidité.

»Interrogé si depuis qu'il cher-
»choit, avec tant de disposition à
»trouver, il avoit saisi quelques
»vérités, dans quel genre & com-
»bien : a répondu qu'il n'en avoit
»encore saisi aucune, mais qu'il
»les poursuivoit avec une activité
»& une sagacité singulieres ; qu'il
»appercevoit tant de choses de-
»vant lui, que probablement il en

»atteindroit quelques-unes ; qu'au
» reſte il croyoit qu'avec l'eſprit le
» plus perçant on pouvoit fort bien
» voir ce qui doit empêcher d'affir-
» mer une choſe, ce qui doit em-
» pêcher de la nier, & ne point
» voir ce qui en eſt au juſte.

    »Interrogé ſi depuis qu'il avoit
» fait l'inapréciable découverte
» de l'herbe aux ſciences, il ſe
» trouvoit beaucoup plus heureux
» & tranquille qu'auparavant : a
» répondu qu'à cet égard il ne
» voyoit pas que cette plante eût
» plus de vertu qu'une autre ; qu'il
» croyoit au contraire qu'autant
» qu'elle donnoit du côté de l'eſ-
» prit, autant elle ôtoit du côté de

»la tranquillité ; que l'ame sans
»cesse occupée de ses spéculations
»ne se relâchoit gueres, mais qu'il
»étoit visible combien de tels ef-
»forts d'un esprit actif & péné-
»trant, sont préférables au repos
»stupide d'un esprit inepte ou mé-
»diocre.

»Interrogé s'il n'avoit point vu
»ailleurs que sur les confins de la
»métaphysique tout auprès du
»gouffre des substances, cette
»herbe merveilleuse, s'il n'en
»avoit point transplanté quelque
»part, s'il n'en avoit donné de
»graine à personne, s'il n'en avoit
»pas lui-même fait provision : a
»répondu que non, & que dans les
»Limbes il ne s'en trouvoit que

»cinq ou six plantes à l'endroit
»qu'on vient de dire.

»Vu les réponses ci-dessus &
»tout bien examiné & discuté,
»nous commissaires, en vertu du
»pouvoir qui nous a été confié,
»avons ordonné que dans l'instant
»on assembleroit les principaux
»habitans des Limbes, qu'on se
»transporteroit sur les confins de
»la métaphysique, tout auprès du
»gouffre des substances, que là on
»allumeroit un grand feu, & qu'on
»brûleroit cette plante admirable
»jusqu'à la derniere fibre ; qu'en-
»fin on éleveroit sur le lieu même
»un monument à la vertu, & qu'on
»y graveroit sur l'airain les paroles
suivantes :

»suivantes: *Qu'a-t-on affaire d'une pénétration plus vive que celle que la nature accorde au commun des hommes, & qu'elle proportionne à nos besoins ? A quoi bon cet esprit actif & inquiet qui vous tient dans un état violent entre le oui & le non, qui sans vous découvrir la vérité vous montre l'un après l'autre les voiles dont elle est enveloppée, qui met sans cesse en mouvement & ne mene à aucun terme? Tous les hommes ont assez de pénétration pour sentir les avantages de la vertu, assez de force pour la pratiquer, & conséquemment tout ce qu'il faut pour être heureux, autant qu'il leur est donné de l'être.*

Partie II. G

CHAPITRE X.

Moyen de mettre le vuide à profit.

En une autre demi-heure de chemin, nous arrivâmes à la plaine du vuide. Là je vis des philosophes de tous les pays, de tous les temps, de toutes les doctrines; chefs & disciples, célebres & ignorés, grands & petits. Les sectes étoient sans nombre, à plus forte raison les membres.

Imagine ce que tu voudras, me dit Théotime, & sur tel objet qu'il te plaira, je vais te trouver dans cette assemblée, des gens qui ont foutenu & foutiendront encore l'affirmative, & d'autres qui te foutiendront la négative. Tout eft toujours problême.

Quoi! lui dis-je, tant de philofophes réunis n'ont encore pu découvrir au moins une partie des vérités qu'ils cherchent depuis fi longtemps? Hélas! reprit Théotime en foupirant, même les plus effentielles, ils les ignorent toujours. Croirois-tu qu'ils ne fçavent pas encore ce qu'ils font, & qu'ils ne fe connoiffent pas eux-mêmes. Les uns difent, nous avons atteint le terme, & nous ferons éternellement ce que nous fommes. Vous n'êtes qu'au commencement de la

carriere, difent les autres, vous
avez une autre mort à fubir, & de
nouvelles deftinées vous attendent. Ceux-là croyent que nous
fommes de purs efprits, ceux-ci
nous regardent comme un amas
de vapeurs légeres, d'autres penfent que nous fommes un compofé
des deux. Perfonne n'eft fûr de ce
qu'il avance, & l'on ne fçait à quoi
s'en tenir.

A l'heure marquée, le Génie
arriva, & prit féance. L'affemblée
s'ouvrit par quelques difcours. On
harangua en grec, en latin, en
toute langue. Le projet d'Azariel
fut généralement applaudi. On
l'exhorta à peupler fon monde

d'hommes un peu plus senſés que ceux qui habitent la terre. Surtout on lui recommanda qu'en leur donnant des yeux & de la penſée, il n'oubliât pas de leur apprendre à s'en ſervir.

Enfin on vint au fait, & on parla de la fabrique du monde en queſtion. Un philoſophe moderne prit la parole, mais avec une telle préciſion & une telle volubilité, que la plupart des aſſiſtans ne l'entendirent point. Seigneur Génie, dit-il, de quoi avez-vous intention de bâtir votre monde? Le voulez-vous de matiere morte, le voulez-vous de matiere vive, le voulez-vous mêlé des deux? Votre inten-

tion eft-elle que la matiere morte
foit toujours morte, & la matiere
vive toujours vive ? ou trouvez-
vous plus raifonnable que dans
certaines circonftances la matiere
vive devienne morte ; & que la
matiere morte devienne vive ?
Quand & comment voulez-vous
que la matiere morte, vive, & que
la matiere vive, meure, . . .

Ici le philofophe perdit l'halei-
ne, & Paracelfe (celui-là même,
qui allia fi à propos aux vérités de
la médecine, les vérités de la ca-
bale) prit la parole, & lui demanda
ce qu'il entendoit par fa matiere
vive, & ce qu'il en vouloit faire ;
fi la vie ne confiftoit pas dans la

correfpondance & l'action réciproque des parties qui compofent
un individu, foit plante, foit ani-
m.l; fi la végétation n'arrangeoit
pas ces parties, & ne les mettoit
pas en jeu; fi en fuppofant une
terre toute de matiere morte, &
en y établiffant la végétation, il
ne devoit pas fe former des êtres
organiques vivans.

Seigneur Azariel, continua Paracelfe, la difficulté n'eft pas de
fçavoir quelle matiere vous em-
ployerez, mais où vous en trouverez. Il y a quelque cent ans que
tout l'univers étoit plein, on étouf-
foit, on ne fçavoit où fe tourner.
Les chofes ont bien changé.

Maintenant vous faites des millions de lieues sans trouver le moindre corps, les espaces sont déserts, & à la réserve de quelques points épars dans l'étendue, qu'on appelle étoiles, soleils, terres, planettes, tout est vuide, on ne trouveroit pas de quoi bâtir un logis à une mite. Vous auriez pu vous accommoder de quelque comete, Wiston en eût arrangé la surface, en eût réglé les mouvemens, & vous en auroit fait une habitation telle quelle : mais vous sçavez que les soleils ne peuvent se passer des cometes, ils tomberoient dans l'épuisement si de temps en temps ces corps ne leur

servoient de pâture : vous ne voudriez pas les priver d'une nourriture qui leur est si nécessaire. J'ai
imaginé un moyen de vous faire
un domaine, sans toucher à rien
de tout cela, sans faire tort à quoi
que ce soit. Comme il y a des
esprits aquatiques qui habitent
l'eau, des esprits aëriens qui habitent l'atmosphere, des esprits ignés
qui habitent le feu, il peut aussi y
avoir des esprits formés d'espace
qui habitent l'espace même : car
selon la philosopie moderne, c'est-
à-dire la bonne philosophie, l'espace est quelque chose, & de cette
chose on en peut composer d'autres, par exemple, des créatures

vivantes & penſantes. Je vous
conſeillerois donc, Seigneur Azariel, de choiſir quelque bel emplacement dans le vuide, & de le
peupler de ces ſortes d'êtres que
vous tirerez du vuide même. Zo-
roaſtre & Raimond Lulle vous
donneront, quand il vous plaira,
un plan de république, & moi-
même je pourrai vous ouvrir quelques avis qui ne ſeront peut-être
pas à rejetter.

Mon cher docteur, dit Azariel,
je n'ai pas grande confiance à la
ſubſtance du vuide, & je la laiſſe
pour ce qu'elle eſt. Au ſurplus,
vos ſoins s'étendent un peu trop
loin. Quand j'ai pris le parti de

bâtir, j'ai bien pensé qu'il me falloit des matériaux. Je sçais où les
prendre, & je connois des maga-
zins dont ni vous ni personne
n'avez pas même d'idées. Je ne
demande donc pas avec quoi,
mais comment je bâtirai.

CHAPITRE XI.

Le grand plan.

ICI il se fit un instant de silence. Tous les yeux se tournerent du côté des Epicuriens, des Cartésiens, des Newtoniens. Mais Epicure n'avoit garde d'abandonner à l'expérience, la déclinaison de ses atômes. Les Newtoniens avoient un peu plus de confiance dans leur attraction, mais ils pressentoient qu'elle ne suffiroit pas pour construire un monde. Les Cartésiens, malgré toutes les raisons qu'ils avoient de penser le contraire, craignoient toujours que de la matiere, du mouvement & du choc, il ne réfultât que de la pouffiere ; & quel fcandale c'eût été pour tout le Cartéfianifme.

Enfin un Allemand, plus entreprenant que les autres, prit la parole. Seigneur Azariel, dit-il, nous autres modernes, nous avons plus que perfonne approfondi les objets dont il eft queftion. Nous avons nivelé les couches de la terre dans toutes fes régions, vifité la fubftance des montagnes & mefuré l'océan. Nous fçavons, à quelques pintes près, combien il s'évapore d'eau chaque année, combien il en retombe en pluie,

combien il s'en perd, combien il
en a probablement exifté dans l'o-
rigine. Enfin nous avons vu comment & en combien de temps elle
a arrangé l'écorce du globe dans
l'ordre où elle eft. C'eft donc avec
confiance que nous ouvrons notre
avis, l'obfervation a fait naître nos
idées, l'expérience ne peut man-
quer d'en conftater la juftefse.
Quand vous aurez mis en tas une
affez grande quantité de terre,
d'eau, d'air & de foufre, nous
croyons que vous ne pouvez vous
difpenfer d'y mettre le feu, d'em-
brafer le tout & de le mettre en
fufion ; après quoi les chofes s'ar-
rangeront d'elles - mêmes. Car,

voyez-vous, quand tout ce qu'il y aura de matiere combuſtible aura été conſumé, l'incendie finira, & la maſſe ſe refroidira peu à peu : bientôt les matieres évaporées & élevées par la chaleur, ſe condenſeront par le froid, & retomberont : l'eau couvrira tout le globe, le ſurmontera de quelques lieues, & par le frottement en arrangera la ſurface. La plus grande partie de cette eau ſe diſſipera peu à peu, & le ſeigneur Génie aura enfin une mer & une terre habitable.

Toutes ces opérations peuvent avoir lieu en aſſez peu de temps, pourſuivit le philoſophe Allemand ; à vue de pays la ſuite par faite de la maſſe totale ne demande pas plus de trente mille ans, le degré de refroidiſſement requis s'établira en moins de dix mille, pour le travail des eaux, c'eſt une affaire de vingt-cinq mille ans au plus. Cela n'eſt rien, comme vous voyez, & ce temps expiré, vous jouirez d'un ſéjour enchanté. Nous ne vous garantiſſons pourtant pas les volcans, les tremblemens de terre, les déluges. Hélas ! ce ſont des maux néceſſaires. L'ordre général & permanent de toute la nature emporte néceſſairement ces déſordres de détail & de peu de durée. S'il avoit été poſſible de les prévenir, Dieu tout ſage & tout bon

bon les auroit prévenus. Soumet-
tons-nous à la fatalité, & remer-
cions le Créateur, car s'il avoit pu
mieux faire pour nous, il l'auroit
fait......

Vous blasphêmez, s'écria un
Anglois. Ce que vous appellez
mal, n'en a que le nom. Peut-il
sortir quelque chose d'imparfait
des mains du Tout-puissant ? Ne
voyez-vous pas que tout est bien,
& dans le physique & dans le mo-
ral ? O que la chaîne qui lie les
êtres & les événemens est admirable ! Quand des famines & des
pestes anéantiroient presque tout
ce qui a vie ; quand la moitié des
hommes égorgeroit l'autre ; quand

la terre éclateroit comme une
bulle d'eau, tout cela seroit bien,
excellemment bien. Le grand
plan, le plan parfait est exécuté,
& tout va comme il doit aller.
Les malheurs & les désordres ne
sont que de vains noms & des fantômes. Encore une fois tout est
bien.

    Le ciel préserve le Génie, les
siens & leurs habitations futures,
de tous les biens dont j'entends
parler, dît un mathématicien. Si
pour se loger, le seigneur Azariel
veut attendre pendant quelques
millions de siécles que le feu &
l'eau lui prépare un logis bâti sur
le grand plan, sur le plan parfait,

où tout va bien, même quand tout
se culbute, il en est le maître. Je
prendrai pourtant la liberté de lui
ouvrir un autre avis. Seigneur
Génie, mes confreres & moi nous
venons de faire un petit calcul &
nous avons trouvé qu'en assem-
blant des élémens d'une certaine
nature, en les arrangeant dans un
certain ordre & en leur imprimant
un certain mouvement, nous pouvons construire un monde à peu
près en un mois. Nous demandons
quinze jours pour faire & allumer
un soleil de douze mille lieues de
diametre, ce qui fait une grandeur
raisonnable ; plus pour une terre
avec trois anneaux & une demi-

H ij

douzaine de lunes, huit jours & demi; plus pour une comete avec une chevelure, ou une barbe, ou une queue, à volonté, fix jours quelques heures : ainfi nous nous flattons de vous loger dans un mois. Nous fommes fâchés de ne pouvoir opérer en moins de temps. Sans doute il eft des chemins plus courts que celui que nous nous propofons; mais que voulez-vous, nous avons regardé de tous nos yeux & nous n'avons vu que celui-là. Au refte, il nous eft impoffible de vous rien dire de plus précis en ce moment; pour finir nos calculs, il faut que nous connoiffions au jufte l'état, la fituation, l'étendue,

& les environs de l'emplacement
où vous voulez bâtir. Nous pensons donc qu'il est nécessaire d'en-
voyer des commissaires sur les
lieux, leur rapport fait, nous es-
pérons vous donner toute satisfac-
tion.

Le Génie y consentit, on nom-
ma deux commissaires. Mais quelle voiture leur donner? Un Carté-
sien représenta que si les commissaires vouloient mettre à bas toute
idée de gravitation, qui appésantit
prodigieusement, il leur seroit aisé
de s'élever à la surface du tourbillon de la terre, que de-là il n'y
avoit pas bien loin aux confins du
tourbillon solaire, que celui-ci

tenoit à beaucoup d'autres, & que
s'accrochant de tourbillon en tourbillon, ils arriveroient en peu de
temps au lieu de leur destination?
Il y a mieux, reprit un Newtonien,
s'ils veulent concevoir entre les
corps célestes de grands vuides qui
n'opposeront aucun obstacle à leur
passage, je leur enseignerai une
voiture d'une grande célérité. Ils
n'ont qu'à s'affourcher sur un
rayon réfléchi de la terre & dirigé
vers le lieu où on les envoye, en
moins de rien ils y seront arrivés.
Les commissaires n'étoient point
d'humeur à se livrer aux tourbillons; qui sçait, disoient-ils, où ils
nous emporteroient, il y auroit

bien à craindre que vos députés, comme des moucherons, ne fuſ-
fent promenés à perpétuité de tourbillon en tourbillon. Le rayon refléchi ne leur paroiſſoit pas non plus une voiture sûre ; à l'approche du premier corps qu'il rencontreroit, il rebrouſſeroit chemin & les rameneroit auſſi vîte qu'il les auroit emportés.

Quelqu'un ouvrit un avis qui les tira d'embarras. Je ne connois, dit-il, rien de plus vîte qu'une hypothèſe métaphyſique ; en un inſtant elle a creuſé au centre de la terre ; de-là, & en auſſi peu de temps, elle s'éleve au-delà des bornes de l'univers. Qu'on vous

amene donc une de ces fantaisies;
rien ne peut vous mener plus loin
en moins de temps.

Cet avis fut suivi. Les commiſſaires promirent d'être de retour
dans vingt-quatre heures, & par-
tirent comme l'éclair, ou plutôt
comme penſées philoſophiques.

Ainſi finit la premiere ſéance
des états des Limbes convoqués
par l'ordre d'Azariel. L'aſſemblée
fut remiſe au lendemain & l'on ſe
propoſa d'y traiter de la maniere
dont Azariel devoit conduire dans
ſon nouveau monde, la génération
des êtres organiques.

CHAPITRE XII.

N'en croyez que la moitié.

CEPENDANT on avoit pris des mesures pour donner à Azariel un divertissement à la mode du pays. C'étoit une dissertation. Apulée le Platonicien en avoit été chargé. Il avoit pris pour sujet, le moyen d'être heureux ; persuadé que le Génie qui s'étoit si longtemps occupé du bonheur des hommes, entendroit volontiers agiter cette question. On invita donc Azariel à faire un tour dans les jardins d'Epicure, & insensiblement on l'amena dans un salon de verdure où Apulée se trouva. On proposa le discours, le Génie l'accepta, chacun prit séance, & Apulée commença en ces termes :

Le bonheur est l'objet de tous les travaux des hommes, de tous leurs vœux. L'un le cherche en accumulant des richesses, l'autre en dissipant celles qu'il possede ; celui-ci croit l'appercevoir dans les dignités, & s'efforce de monter aux premiers rangs de la société, celui-là en descend, parce qu'il ne s'imagine pouvoir le trouver que dans la foule ; tel prend pour mesure de son bonheur, celle de sa renommée, & tel autre ne croit

pouvoir être heureux qu'autant
qu'il sera ignoré. Celui même qui
fuit les plaisirs, cherche la félicité;
& je ne sçais si celui qui se tue,
ne se la propose pas pour but.

Le bonheur, tel que la nature
humaine le comporte, dérive d'un
mélange où les plaisirs l'empor-
tent sur les peines. Mais ces plaisirs, ces peines, quelle en est la
source? C'est ce qu'on n'a pu encore déterminer. Ce qui vous
flatte me choque, & ce qui est
plaisir pour l'un est peiné pour
l'autre.

Disons-le, & ne l'oublions jamais, l'essence des choses ne fait
pas notre bonheur, c'est la manière

de les envisager. Le philosophe trouve des charmes dans la solitude, dont l'idée seule effraye l'homme du monde. Cette pauvreté, la terreur & l'aversion du genre humain, combien ne l'ont pas préférée à l'opulence, combien ne l'ont pas embrassée volontairement? Qu'est-ce que la faim, la soif, les veilles, les fatigues, la mort même, aux yeux d'un homme avide de gloire? Rien, moins que rien. Mais quelle amertume pour lui, que le moindre bruit désavantageux? Et qu'est-ce qu'un bruit de cette espèce aux yeux d'un homme qui sçait apprécier les choses?

Puisque notre façon d'envisager les objets, décide des événemens & en fait des peines ou des plaisirs ; trouver une maniere de penser, qui de ces événemens en fasse le plus de plaisirs & le moins de peines qu'il est possible, c'est trouver le principe du bonheur. Malheureusement chacun croit avoir cette maniere de penser, & prend pour elle une passion favorite. L'homme de génie en desirant la science, croit desirer le vrai bonheur. Le voluptueux s'étonne de ne le point trouver dans la mollesse où il s'est plongé, & l'avare qui l'appelle en vain, voit avec surprise ses inquiétudes & sa cupi-

dité croître comme fes tréfors.
Que les hommes s'entendent peu
à faire leur bien-être ! Sans nous
arrêter à montrer les fauffes routes
qui les égare, entrons dans le vrai
fentier.

Il eft un fentiment vif, inné,
univerfel, qui fe répand fur tous
les objets & les embellit, fur toutes nos actions & en enfle le mérite, fur tous les biens & les ai-
guife, fur tous les maux & les
adoucit. Ce fentiment eft donc
le germe que nous cherchons, le
germe qu'il faut faire fructifier, le
germe du bonheur. Le dirai-je,
ce fentiment eft la vanité.

Reconnoiffez-en le prix par la

ſage économie avec laquelle la Nature en fait la diſtribution. C'eſt ſon tréſor le plus précieux, & cette mere tendre le répand ſur toute l'humanité, mais avec poids & meſure.

D'une main elle diſtribue les qualités réelles, de l'autre elle diſtribue la vanité, & plus elle eſt prodigue d'un côté, plus elle eſt économe de l'autre. Vit-on jamais, par exemple, beaucoup de vanité avec beaucoup de génie, & ne trouve-t-on pas tous les jours une vanité ſans bornes avec la plus petite meſure de bon ſens?

Les enfans ne peuvent avoir de grandes paſſions, ils ne ſont point

exposés à fuccomber fous les peines, ils n'ont pas befoin d'un ferme appui, & beaucoup de vanité
feroit pour eux une reffource inu-
tile. Auffi la nature leur en donne
peu ; elle en augmente la dofe à
proportion qu'ils avancent en âge,
& y met le comble quand ils font
parvenus à la vieilleffe. La vie feroit un poids accablant pour bien
des vieillards, la vanité leur aide
à le fupporter, elle fait plus, elle
leur rend ce fardeau agréable. Un
grand homme a dit, la vanité eft
une maladie d'efprit qui nous
prend dès le berceau, augmente
avec l'âge, & fe confomme dans
la vieilleffe ; ce grand homme a

tort,

tort, ce n'eſt point une maladie, c'eſt plutôt un remede ; d'âge en âge il devient plus agiſſant, parce que d'âge en âge les maux qu'il doit guérir acquierrent plus de force.

Approfondiſſons les vues de la nature, entrons dans le détail & faiſons voir qu'en effet la vanité fait, non ſeulement le bien particulier, mais encore le bien général.

I.

Qu'eſt-ce que les richeſſes ? Des moyens de ſatisfaire à nos beſoins. Ces beſoins ſont réels ou imaginaires. Les réels ſont en bien petit nombre, il eſt aiſé de remplir

ces petits vuides, la nature y a
pourvu abondamment ; tous les
hommes font riches. Les befoins
imaginaires font fans nombre,
comme l'imagination eft fans bornes ; chacun s'en forme fuivant
fon état, fon rang, fon caractere,
difons mieux, fuivant fes préjugés ;
où font les richeffes qui pourroient fuffire ? tous les hommes
font pauvres.

Ces gens dont l'élévation
éblouit, fentent à peine leur état ;
leurs yeux toujours frappés de
l'éclat de la pourpre qui les environne, ceffent bien-tôt d'y être
fenfibles. Un prince voit l'étendue
de fes états du même œil qu'un

payſan voit ſon héritage. L'un n'eſt pas plus vivement affecté que l'autre. Si chacun d'eux eſt content de ce qu'il poſſede, leur tranquillité eſt la même & du même prix. Si tous deux trouvent qu'ils n'en ont pas aſſez, le prince portera ſes regards avides au-delà de ſes frontières, le payſan portera les ſiens ſur le champ voiſin ; leurs ſoins , leurs inquiétudes , leurs peines ont la même ſource & ſont de la même nature.

Il importe donc peu pour le bonheur d'être né dans une cabane ou dans un palais, pour le ſceptre ou pour la houlette. Ce n'eſt point la meſure des richeſſes ni des grandeurs qui fait celle du repos, c'est la mesure de notre cupidité.

Etre content de sa fortune, grande ou petite, vivre sans ambition dans un état élevé ou rampant, se borner à ce qu'on est & ne rien desiter; c'est n'être point malheureux, ce n'est point non plus être heureux; l'absence du mal ne fait point un bien positif. Vivre & mourir ainsi, c'est sortir du jeu sans perte ni gain.

Mais dès qu'on tire vanité de la possession des richesses ou du mépris qu'on en fait, des grandeurs où l'on est élevé ou de l'humiliation dans laquelle on vit philosophiquement, des louanges qu'on nous donne ou du peu de justice qu'on a toujours rendu au mérite, dès-lors on a un sentiment vif & constant de son bonheur, dès-lors on est heureux.

Celui qui dit aux hommes, ne desirez rien & pratiquez la vertu, leur enseigne le moyen le plus sûr de n'être point malheureux ; mais celui qui leur dit, soyez vains, & que votre vanité se répande sur tout ce qui vous environne, celui-là seul leur apprend le moyen d'être heureux.

Séneque nous assure que le principe de la félicité, consiste à avoir de la confiance en soi-même;

j'en crois Séneque; mais que ne
tranche-t-il le mot, qu'est-ce que
confiance en soi-même, si ce n'est
vanité? Ce Stoïque sublime fait
souvent de terribles écarts, mais
quelquefois aussi il se rapproche
de l'homme & de la nature : il vous
offrira mille fantômes, puis au
moment que vous y pensez le
moins, & que peut-être il y pense
le moins lui-même, il présente la
vérité. Ecoutez-le disserter sur le
bonheur : «Celui-là seul, dit-il,
»est heureux, qui, supérieur à tous
»les événemens, foule aux pieds
»ce qui fait l'étonnement & l'ad-
»miration des autres hommes,
»qui, sûr de son courage, essuie,

»fans en être bleffé, les traits les
»plus acérés de la fortune, qui,
» de fes malheurs même, fçait tirer
»fon bien-être. « Prenez que Séneque n'ai rien dit jufqu'à ce moment, voilà les fantômes, voici la
vérité. »Enfin, ajoute-t-il, celui-
»là feul eft heureux, qui ne voit
»dans tout l'univers homme qui
»vive auquel il voulut être chan-
»gé.« Le voilà le principe du
bonheur, la vanité.

Il n'eft donc pas queftion pour
être heureux d'avoir des terres
immenfes, des maifons fuperbe-
ment meublés, des femmes em-
preffées à exciter & fatisfaire vos
defirs. Non, ce n'eft point en cela

que fe trouve le bonheur. S'agit-il
d'entaffer volumes fur volumes,
de confacrer fa vie à une étude
pénible & de s'épuifer à courir
après la vérité qui fuit fans ceffe ?
rien de tout cela. Vous dit-on,
la guerre s'allume, vîte, quittez
vos paifibles foyers, baifez ces
penates que peut-être vous ne re-
verrez plus, courrez aux frontieres,
à la gloire, à la mort ? Qu'on eft
éloigné de tenir de femblables
difcours ! Le chemin qui mene au
bonheur eft bien plus court, on
vous dit feulement, qui que vous
foyez, ou que vous foyez, dans
quelque fituation que vous foyez,
fi vous voulez être heureux, ren-

trez dans vous-même, écoutez la voix qui s'éleve au fond de votre cœur, tu as telles qualités, dit-elle, tu vaux plus que celui-ci par tel endroit, plus que celui-là par tel autre ; tu as cette foibleſſe, mais cette vertu t'en dédommage & au-delà, crois-moi, tu es bien & mieux que perſonne. Que cette voix a de douceur, qu'elle pénetre délicieuſement l'ame, qu'elle répand de charmes ſur tous les ſens ! Sans elle tout ce qui a rapport à nous, nous paroît mal, nos vertus nous ſont inconnues, nos défauts nous humilient, nos vices nous accablent, nous ſommes mécon-tens de tout, nous ſommes inſup-

portables à nous-même. Avec elle
nos pensées, nos discours, nos
écrits, tout ce qui vient de nous,
nos femmes, nos enfans, nos pos-
sessions, tout ce qui est à nous, nos
amis, nos connoissances, nos créatures, tout ce qui tient à nous,
nous séduit, nous flatte, nous
enchante. Avec elle nos vertus
font des prodiges, & nos vices
des foiblesses, des ombres nécessaires au portrait. Avec elle enfin,
nous tirons de tout des sujets de
plaisir & de volupté, nous sommes
contens, nous sommes heureux.

Pour qu'il soit des rois, il faut
qu'il soit des sujets ; pour qu'il soit
des grands, il faut qu'il soit des

petits ; tout le monde ne peut pas bâtir des univers comme Démocrite, ni braver généreusement la pauvreté comme l'opulent Séneque ; tout le monde ne peut pas se connoître en spiritualité comme Epicure, ni mettre dans ses mœurs toute la décence de Diogene, mais tout le monde peut être vain, cela suffit, & vaut tout le reste.

Qui croiroit les hommes si peu clairvoyans, dans ce qui les touche de plus près ? Le principe de leur félicité, la vanité, ils la décrient, ils la réprouvent, ils blasphêment contre le premier mobile de leur bonheur. Est-ce ignorance ? est-ce ingratitude ?

Homme foible, que tu connois peu ta nature ! Tu pense avoir donné des marques de l'étendue de ton génie, tu crois avoir signalé ta grandeur d'ame ; un sentiment de vanité naît dans ton cœur, tu te vois avec complaisance, tu contemples avec joie la supériorité que tu t'imagine avoir sur le reste des hommes ; est-ce un crime ? Oui, dit-on. Hé bien, résiste à la nature, réprime ses saillies, humilie-toi : les efforts même que tu vas faire seront de nouveaux motifs de vanité, elle renaîtra de ses cendres. Reconnois donc que tu es fait pour être vain, & accorde-toi avec toi-même.

On le voit, on le sent, il est dans l'ame un vuide que la vanité seule peut remplir. Tout couvert de gloire & sûr de ce qu'on nomme immortalité, il manquoit encore quelque chose à Thémistocle. Il paroît aux jeux olympiques, les combats cessent d'exciter la curiosité, seul il attire tous les regards & reçoit les applaudissemens des peuples. Ce qui manquoit à Thémistocle, la vanité, s'épanouit dans toute l'étendue de cette grande ame & la remplit, il est content, il est heureux : Mes amis, dit-il, je suis dédommagé de toutes mes peines, en ce moment je recueille le fruit de tant de travaux que j'ai essuyés pour la Grece.

Opposons à Thémistocle, le célebre Marc-Aurele, les délices de Rome & de toute la terre. Il étoit le premier homme du monde du côté de la vertu, du rang, du pouvoir, & le dernier du côté du bonheur. Sans cesse occupé des miseres de l'humanité, il ne réfléchissoit jamais sur ses propres avantages. Qu'il se trouvoit ignorant au milieu des connoissances dont son esprit étoit orné, qu'il se trouvoit foible à la tête de ces armées nombreuses qui faisoient l'épouvante des barbares, qu'il se trouvoit petit au milieu des triomphes & de la pompe du trône ! Rien ne lui manquoit pour être vertueux, mais

il ne connut point le prix de la vanité, & tout lui manqua pour être
heureux.

Sans la vanité les plus grandes
prospérités ne nous flattent que
foiblement, sans elle les moindres
adversités nous accablent ; c'est un
suc doux qui tempere les potions
les plus ameres, & même les rend
agréables.

Rappellez-vous cette nombreuse
assemblée, au milieu de laquelle
le philosophe Antimach récitoit.
L'ouvrage ne plut point, chacun
disparut successivement ; Platon
seul resta. Je continuerai, dît Antimach, Platon me tient lieu de tous.
Les autres biens, s'il en est d'autres

que la vanité, n'ont rien de solide ; aujourd'hui vous en jouissez, demain vous en êtes privé, c'est l'assemblée d'Antimach ; ils disparoissent successivement, la vanité seule demeure & tient lieu de tous les autres.

Celui qui lutte perpétuellement contre la mauvaise fortune, n'est point si haï des Dieux, dit un Stoïcien ; ils ne l'exposent point à s'oublier dans la prospérité & à mériter leur indignation. Est-il rien de plus malheureux, ajoute un autre, que celui qui n'a jamais essuyé aucun malheur ? Sans doute les Dieux ont détourné les yeux de dessus un tel homme ; ils l'ont regardé comme me un lâche, incapable de faire face au mauvais sort. Peut-on rien insinuer de plus adroit ? Peut-on présenter aux malheureux un point de vue plus consolant ? Mais sur quoi porte tout cela ? Se croire aimé des Dieux, parce qu'on est persécuté des hommes, & s'applaudir ainsi de ses infortunes, c'est sans doute le plus grand effort dont la vanité soit capable.

Esclave, estropié & infirme, Epictete convenoit que la fortune ne lui avoit pas été favorable, mais le Ciel, disoit-il, a répandu dans mon cœur ses dons les plus précieux. Cette lueur de vanité fit la consolation d'Epictete. Ses

II. Partie. K

difciples ajoutent & prétendent
que les difgraces qu'il effuya lui
étoient néceffaires pour faire
triompher fa vertu avec plus d'é-
clat; fes belles qualités devoient
briller par le contrafte. Si Epictete
eut été vain au point d'adopter
cette opinion, il eût chéri l'infir-
mité & la fervitude; il y eût trouvé des délices.

Non feulement la vanité nous
rend heureux, elle eft même la
mefure précife de notre bonheur.
Une vanité médiocre ne peut faire
face à tous les événemens, elle
eft fujette à être troublée & mor-
tifiée; une vanité complette eft
invulnérable. La premiere ne s'é-

leve qu'à certaine hauteur, elle rencontre encore des obstacles, elle heurte ; l'autre s'éleve au des-sus de tout, rien ne peut arrêter ses saillies.

Moi qui vous dis ces choses, si je trouve mes principes sûrs, mes conséquences justes, & mon dis-cours bon & meilleur que cent autres que j'ai entendus, me voilà vain & heureux à cet égard. S'il arrive qu'on ne m'applaudisse pas, & que je n'aye qu'une vanité mé-diocre, je tombe dans l'humilia-tion, & c'est fait de ma félicité. Mais si ma vanité va jusqu'à me faire croire que ce même discours est semé d'idées fines, & que la plupart de mes auditeurs ont. le tact trop groffier pour les faifir; voilà ma vanité & mon bonheur à couvert.

On demandoit à un grand phi-lofophe, de combien d'approba-teurs il fe contenteroit: «De deux, «répondit-il; fi cela ne fe peut, «d'un; fi cela ne fe peut encore, «de moi feul. « Ne demander l'ap-probation que de deux hommes choifis, c'eft s'élever au deffus du refte de la terre, & ne demander que la fienne propre, c'eft s'élever au deffus de tout, c'eft être parfai-tement vain, c'eft être parfaite-ment heureux, s'il eft donné à l'homme d'y parvenir.

I I.

Si les hommes connoiſſoient en tout la nature des choſes, ils ſeroient à plaindre ; heureuſement ils ſont remplis d'idées fauſſes. La vanité qui ſans ceſſe veille au bien général, prend ſoin de les aveugler.

Le néceſſaire ſuffit, le ſuperflu cauſe plus d'inquiétude que de ſatisfaction. Mais, ſi chacun ſe contentoit du néceſſaire, que deviendroit le commerce, que deviendroit la moitié des hommes ? L'avide marchand s'expoſeroit-il ſur les mers pour aller chercher à l'autre bout de la terre de quoi fournir à vos moindres beſoins ?

Le patient laboureur prendroit-il
tant de peine à ouvrir le sein de la
terre, pour en tirer dequoi nourrir
votre oisiveté ? L'industrieux ar-
tiste consumeroit-il sa vie, à vous
p.ocurer les commodités de la vô-
tre ? Heureusement chacun tend
au superflu ; la sensualité, plus
encore la vanité en sont flattées,
il n'en faut pas davantage, voilà
les hommes qui s'occupent, tra-
vaillent, s'excedent. O vanité,
que tes ressources sont admirables!
qu'elles sont nécessaires au bien
général !

Au fond, les rangs & la diffe-
rence qu'ils mettent entre les
hommes, sont des fruits de notre

folle imagination, & ne font rien
moins que dans l'ordre naturel.
La nature nous a tous fait fur le
même modele, nous conferve par
les mêmes principes, & nous fait
fortir du monde par une porte
commune, nous fommes en effet
tous égaux. Cependant cette diftinction de rangs eft un mal devenu
néceffaire au repos public. S'ils fe
confondoient, la fociété écroule-
roit. Mais cette même diftinction,
quelle en eft le plus ferme appui ?
La vanité. Elle fouffle l'ambition
de toute part ; on ne parle que de
parvenir à certain rang, de le foutenir, de le remplir avec dignité.
On rend patiemment fes refpects à

ceux qu'on imagine être au deſſus
de ſoi, ſûr d'en être dédommagé
par les hommages de ſes inférieurs.
Les hommes vains ſe prêtent la
main, & s'étayent mutuellement.

Mais voyez & admirez les reſſources de la vanité : tandis qu'elle
aſſigne les rangs aux forts de la
terre, & qu'elle leur dit : „Vous,
„vous aurez telle place, & vous
„telle autre, tout le reſte ſera peu-
„ple. „ Elle ſe tourne du côté des
ſçavans, & leur dit : „Laiſſez les
„grands s'arranger en paix; ne leur
„enviez point une prééminence
„que la fortune donne, & non pas
„le mérite. Érigez de votre côté
„une ſociété où vous comman-

» diez, une république dont vous
» soyez les chefs ; que les philoso-
» phes, les orateurs, les poëtes, les
» gens de lettres y occupent les
» premieres places, & que les rois,
» & tout le reste de la terre soient
» peuples à vos yeux. « Elle ne s'en
tient pas là, elle s'adresse aux zélés,
& leur dit : » Les grandeurs du
» monde & les sciences humaines
» ne sont que fumée. Ne regardez
» pas comme le premier celui qui
» est le plus grand ou le plus sça-
» vant, mais celui qui est le plus
» zélé. Que le plus ou le moins de
» zele soit la mesure de votre estime
» & de votre vénération, & regar-
» dez comme peuple quiconque

«n'eſt pas ardent comme vous,
«quiconque n'eſt pas ſemblable à
« vous. »

Je ne connois point celui qui le
premier a parlé de ſe faire un nom,
de le faire paſſer à la poſtérité,
de vivre après ſa mort : mais il
falloit que ce fût ou le plus imbécille ou le plus adroit des hommes.
S'il parloit ſincérement, ſi réellement il imaginoit un grand bonheur à paſſer dans la mémoire des
races futures; il falloit qu'il manquât du ſens commun. Mais s'il
connoiſſoit tout le néant de ce
qu'on appelle renommée, s'il préſentoit ſeulement ce fantôme au
peuple, dans les mêmes vues qu'un

oiseleur présente un appas aux oi-
seaux, c'étoit certainement le plus
adroit des hommes, il avoit découvert le plus grand ressort de la
politique.

Ô vous, qui desirez de vous faire
nom, combien de peines & d'inquiétudes ne subirez-vous pas,
peut-être infructueusement. Mais
je suppose que vous ayez rempli la
carriere, & qu'aujourd'hui la gloire
vous environne ; quel fruit en re-
tirez-vous ? Au milieu d'un petit
nombre de gens, dont quelques-
uns vous admirent, & dont les autres ne conviennent pas de tout
votre mérite, le reste de la terre
s'entretiendra avantageusement

de vous, sans que vous puissiez y
être sensibles ; ces éloges ressemblent à ceux dont on honorera vos
cendres. Mais vous sçavez que
votre gloire est actuellement établie ; vous sçavez qu'elle subsistera
dans les siécles futurs, & vous
jouissez de cette idée flatteuse.
Approfondissons cette idée : combien donnez-vous de temps à vivre
à votre nom ? Cinq siécles ; est-ce
trop peu ? Mille ans ; n'est-ce pas
encore assez ? Hé bien, je vous
accorde dix mille ans, plus encore
si vous voulez. A cent siécles d'ici
votre gloire sera donc évanouie,
il ne sera non plus question de vous
que si vous n'aviez jamais existé.

Vous entrerez dans la nuit que vous vouliez éviter, & vous y entrerez pour toujours. Combien aurez-vous pris sur l'éternel oubli qui doit vous absorber ? Qu'est-ce que le temps où vous aurez été connu, comparé à celui où vous serez ignoré ? Que diriez-vous d'un moucheron qui supputeroit avec emphase de quelle quantité d'eau il a diminué la mer, en se désalté-rant dans l'océan.

C'est trop parler contre la gloire. Si on la méprisoit, bien des crimes qui ne se commettent point, se commettroient, bien de belles actions qui se font, ne se feroient point. On la mépriseroit, si l'on

raisonnoit, & l'on raisonneroit si
la vanité ne nous aveugloit pas.
C'est encore un bienfait que nous
tenons d'elle.

Est-il rien de plus nécessaire à
l'état que la force des armes ; &
est-il rien de plus propre à inspirer
& soutenir la vertu guerriere, que
la vanité ?

Dans le temps que nous man-
gions du gland, le plus violent &
le plus fort maltraitoit le plus doux
& le plus foible, & se rendoit maître. Aujourd'hui celui qui bat &
celui qui est battu, n'acquierent
pas plus d'autorité l'un que l'autre.
Vous particulier, vous gagnerez
vingt batailles, & vous ne serez

pas plus maître après la derniere victoire, que vous n'étiez avant la premiere. Puisqu'il faut des combats, & que le but naturel du combat manque, & ne peut encourager personne, à son défaut, il a bien fallu en créer un imaginaire ; car il faut toujours paroître raisonner avec l'homme, & lui présenter une fin, fût-elle la plus chimérique. On lui a donc fait entendre qu'il étoit beau de se tuer les uns les autres, & à condition qu'il courreroit à la mort, on lui a promis l'immortalité. Une chose si difficile à croire, la vanité l'a persuadée, & depuis, la vertu guerriere va comme vous voyez.

On dreſſa des trophées, on loua les morts, on célébra les vain-queurs ; & ne croyez pas que pour en imposer, on ſoit toujours obligé d'avoir recours à l'éclat & à la pompe des triomphes. Les peu-ples les plus guerriers du monde ſe ſont contentés d'une poignée de foin, ce fut d'abord le ſigne éclatant de la grandeur Romaine. Ils uſerent dans la ſuite des lauriers ſi fort chantés par nos poëtes. L'un vaut bien l'autre.

Pour des gens que je ne connois point, & qui ne m'ont fait aucun bien, j'irois en attaquer d'autres que je ne connois pas plus, & qui ne m'ont fait aucun mal ? J'irois les

les tuer, ou me faire tuer par eux ?
Ainsi parle un militaire quand il
est de sens froid, & qu'il pense.
Mais montrez-lui seulement un
ruban qui soutienne une petite
médaille, voilà un homme qui
devient furieux & court se faire
égorger.

Quelle différence faites-vous
entre ce régent qui présente une
image à un enfant qui a bien étu-
dié, & ce souverain qui présente
un cordon à un seigneur dont il a
lieu d'être content ? Même dans
l'âge le plus mûr, il reste encore
bien de l'enfance ; l'image fait son
effet, & le cordon le sien. Où la
raison manque, la vanité supplée.

Partie II. L

Qu'eſt-ce que la beauté, dit un
ſçavant. Un certain aſſemblage de
traits que le hazard a deſſinés.
Qu'eſt-ce que les richeſſes, les
honneurs, les dignités ? De vains
ornemens dont la fortune nous
décore & nous dépouille ſelon ſon
caprice. Mais vous qui mépriſez
tout le reſte, dites-nous, qu'eſt-ce
que la ſcience. Cette même fortune qui colora la peau de la belle
Hélene, n'a-t-elle pas organiſé le
cerveau d'Archimede ? Un peu
moins d'agilité dans les fibres,
Archimede étoit un homme mé-
diocre ; un peu plus, c'étoit un
fou. A deux doigts de la folie &
de l'imbécillité, le hazard en fit

un homme du premier ordre.

Mais avec la plus heureuse dif-
pofition, avec le fens le plus net,
avec le cerveau le mieux monté,
jufqu'à quel point irez-vous? Jufqu'à connoître qu'on ne fçait rien
& qu'on ne peut rien fçavoir. Car
enfin, ce que l'on voit n'eft rien,
comparé à ce qu'on ne voit pas. Il
n'y a qu'un ignorant qui puiffe
s'applaudir de fes connoiffances,
le fçavant demeure épouvanté à
la vue de ce qu'il ne fçait pas. Les
premiers hommes qui fe trouverent fur les bords de l'océan, en
confidérant l'horizon qui le termi-
noit à leurs yeux, crurent qu'à
trois pas du rivage le ciel fe joi-

gnoit à l'eau : quelques-uns se dé-
tacherent, & avec de petites bar-
ques, allerent pour voir le bout du
monde & toucher le ciel avec la
main : après avoir erré longtemps,
ils revinrent, & dirent aux autres,
nous nous étions trompés, nous
n'avons rien vu, & nous n'avons
trouvé de bornes nulle part. Image
des sçavans.

Mais le peu de connoissances
qu'on acquiert avec tant de peines, à quoi tient-il ? Je veux qu'un
homme ait tout approfondi, qu'il
sçache tout ce qu'on peut sçavoir,
& que sa tête soit un petit monde.
Entre les millions de globules imperceptibles qui roulent dans le

fang, en voilà deux ou trois qui s'arrêtent, un des canaux imperceptibles du cerveau s'engorge, le fçavant eft frappé d'un coup de fang comme d'un coup de foudre : il revient peu à peu à lui, mais la table eft redevenue rafe, le petit monde eft anéanti, ce n'eft plus un fçavant, c'eft un imbécille. Trois gouttes de férofité paffent comme une éponge, & toutes fes connoiffances font effacées.

Voilà, je penfe, les fciences réduites à leur jufte valeur. Mais il eft bon que les hommes s'en faffent une tout autre idée. Elles font utiles, ne fût-ce que pour occuper & amufer. Laiffez faire la vanité , elle donne du corps aux fantômes, & réalise tout ; elle vous dira par la bouche même de Socrate : «Il n'est qu'un mal qui est l'ignorance, & contre ce mal un seul remede qui est la science. «

La vanité fait encore plus pour le bien général, elle conduit à la vertu. On sçait de quelle ressource est l'émulation pour exciter au bien. Dès qu'une ame sent cet aiguillon, elle fait des efforts inouis; & si nous examinons bien, nous trouverons que les plus grands traits de la vie des hommes célebres, en dérivent. Est-il un véritable amour sans jalousie, est-il un véritable attachement à la vertu, sans émulation ? Mais qu'est-ce que l'émulation ? Rien autre chose que la vanité mise en mouvement.

Qu'ils sont rares les hommes qui aiment la vertu pour elle-même, & haïssent le vice parce qu'il est vice ! Il n'y a que les sages qui puissent être véritablement frappés de la difformité de l'un & de la beauté de l'autre ; il a fallu remuer l'esprit d'intérêt dans le peuple, & lui montrer des peines & des récompenses. La vanité excite à la vertu & détourne du vice, non par des vues aussi sublimes que celles de la sagesse, ni aussi rampantes que celles de l'esprit d'intérêt ; elle ne s'éleve

L iv

pas fi haut, elle ne defcend pas fi bas, elle tient le milieu, & marche avec le courant de la fociété, ce qu'on appelle les gens de probité, les honnêtes gens ; elle leur infpire les fentimens d'honneur, & les tient en refpect en leur montrant le fantôme de la renommée.

Elle fait plus quelquefois, & ceci approche fort de la fageffe ; du point de vûe où elle nous place, nous trouvons fouvent le vice fi indigne de nous, & la vertu fi digne de notre attachement, que fans balancer nous embraffons celle-ci & donnons à l'autre toute notre averfion. Si l'on fe livroit aux vices, on fe regarderoit comme

un grand seigneur qui passeroit sa
vie au milieu d'une vile canaille,
ou comme cette femme à laquelle
Epictete compare la fortune, cette
femme de bonne maison qui s'a-
bandonne à des valets.

Concluons, & disons que la
vanité faisant le bien particulier
& le bien général, est en effet le
germe du bonheur.

CHAPITRE XIII.

L'Apologie de Campanelle.

AINSI parla le Platonicien. Il fut applaudi, car c'eſt l'uſage. Pour moi qui aurois eu bien des choſes à lui dire, & qui n'applaudiſſois point, je ſortis dans l'intention de parcourir les Limbes, & de reconnoître de plus en plus le pays.

Je vis trop de choſes pour entreprendre de les décrire. Mais, le dirai-je, après avoir tout vu, tout examiné, tout admiré, il me prit une ſatiété, une ſorte d'ennui que je ne pouvois vaincre. Le pays

des philosophes a cela de singulier,
au premier coup d'œil les objets
vous enchantent, au second vous
plaisent seulement, au troisieme
ne vous affectent plus, & dès-lors
vous êtes naturalisé, & vraiment
philosophe.

Comme j'étois sur le point de ter-
miner ma promenade, je rencon-
trai Thomas Campanelle. Nous
fîmes quelques tours ensemble,
& nous ne tardâmes pas à parler
des systêmes qu'il avoit autrefois
imaginés. Il me parut tout aussi
entiché de ses idées, que de son
vivant.

L'ai-je bien prévu, me dît-il ?
Dès le temps que je vivois, les

hommes commençoient à penser ; ils ne pensoient pourtant pas encore assez pour embrasser la vérité que je leur montrois ; mais je crus voir clairement que cela ne tarderoit pas : la philosophie perçoit de toute part. Sa lumiere a-t-elle enfin dissipé les préjugés ? Que pense-t-on aujourd'hui de Campanelle ?

Ce qu'on en a toujours pensé, repondis-je, & ce qu'on pensera toujours d'un homme qui donne du sentiment aux corps les plus brutes, aux cailloux, à l'argile, à la fange, & qui fait raisonner l'acier qui lime avec le fer qui est limé. Vous persuadez-vous qu'on soit plus disposé qu'autrefois à croire que la terre, les planettes, les étoiles font autant d'animaux, & que l'univers lui-même en est un qui contient tous les autres?

Quoi! reprit-il, on trouve encore de l'extraordinaire dans ces opinions! à ce que je vois on n'a pas fait à beaucoup près dans l'étude de la nature, tout le progrès que je m'étois imaginé.

Ce qu'il y a de sûr, repliquai-je, c'est qu'on n'en est pas encore venu à regarder la terre comme un animal dont les minéraux font le corps; la mer, le sang; l'air, l'esprit. Et probablement on ne deviendra jamais assez sage pour assurer avec vous, qu'il seroit fou de dire que le monde n'a point de sentiment parce qu'il n'a point d'yeux, d'oreilles, de mains, de pieds; que le monde est un animal de figure ronde, que ses mains sont les rayons, ses yeux les étoiles...

Mais enfin, interrompit Campanelle, tout cela pris philosophiquement veut dire que la matiere pense, & ne veut dire autre chose. On m'avoit assuré qu'aujourd'hui c'étoit parmi les hommes l'opinion la plus générale, & voilà pourquoi je me flattois qu'on commençoit à me rendre justice.

Il est vrai, repris-je, que beaucoup de philosophes sont dans cette opinion, mais la plûpart la reſtreignent infiniment, & vous, vous l'étendez infiniment. Ils veulent bien que la matiere penſe, mais non pas toute matiere. Il faut pour cela qu'elle ſoit arrangée d'une certaine façon, il faut qu'elle forme des corps organiques vivans. Dès-lors plus de ſentiment ſi ce n'eſt dans l'homme, dans les animaux, & peut-être dans les plantes. Les Epicuriens même, eux qui ont tant accordé à la matiere, n'ont jamais penſé autrement.

Idées mal digérées que tout cela, reprît Campanelle. Tout ou rien : ou les atômes penſent, ou rien de matériel ne penſe. Si un corps organiſé a des perceptions, les élémens qui le composent en ont ; mais ces élémens sont de la même nature qu'ils étoient avant leur combinaison, & qu'ils seront après la dissolution ; ainsi auparavant, maintenant & dans la suite, ils étoient, sont & seront capables de penser. On veut que la matiere, pour qu'elle puisse appercevoir, soit organisée ! Mais qu'est-ce que l'organisation ? Un certain arrangement des parties. Les élémens deviendroient donc capables de perception à mesure qu'ils s'arrangeroient d'une certaine maniere. C'est-à-dire que tel atôme qui ne peut penser, parce qu'il est à gauche de tel autre, deviendra pensant

dès

dès qu'il ira se placer à droite ? Croyez-moi, ou les corps quels qu'ils soient, ne pensent point, ou les atômes solitaires pensent. Il en est comme de la solidité ; quels corps seroient solides, si les atômes ne l'étoient ?

Vous voyez, poursuivit Campanelle, que même en partant des maximes de la philosophie courante, il m'est aisé de prouver tout ce que j'ai avancé dans mon système *de la sensibilité des choses.* Peut-être n'en avez-vous pas bien saisi l'enchaînement ; il me prend envie de vous le mettre en peu de mots dans tout son jour.

Nous voyons des corps qui ont

Partie II. M

du sentiment. Ces corps ne sont composés que d'élémens ; donc les élémens ont du sentiment. Donc le feu, l'air, l'eau, la terre sentent ; car ce sont là les élémens.

Où il y a collection d'élémens, il y a collection & résultat de sentimens, nous en avons un exemple frappant dans nous-même. Or il y a collection dans les sels, les métaux, les pierres, dans tous les corps de la nature, donc il y a sentiment comme dans nous-même : la différence n'est que du plus au moins. Cette baguette pliée se redresse ; c'est qu'elle a du sentiment, c'est qu'elle aime à être droite, & qu'elle hait l'autre position.

Il y a collection d'élémens dans la terre, les planettes, le soleil, les étoiles ; donc chacun de ces corps sent aussi bien que l'homme. Donc la terre est un animal, & je ne vois plus pourquoi les eaux de la mer ne seroient pas à son égard, ce que le sang est à l'égard des autres animaux.

Le sentiment procede de l'attouchement, c'est une affection du corps sentant. Ainsi plus un corps sera susceptible d'émotion ou d'affection physique, plus il sera susceptible de sentiment. D'après cette maxime, on peut dire qu'en général les corps durs sentent un peu, les liqueurs beaucoup plus, l'air & le vent plus encore, la lumiere & le feu plus que tout le reste.

Les différens degrés d'intelligence & d'esprit dépendent des degrés divers du sentiment, & cela doit être, car toutes nos connoissances viennent des sens. Donc le feu a infiniment plus d'intelligence & d'esprit que l'eau ou la terre, le soleil infiniment plus que le globe terrestre.

Il est manifeste que le mouvement qui donne le sentiment, le communique aussi. Les hommes, par exemple, se font passer réciproquement leurs perceptions par le moyen de la parole & du son ;

l'air charie les penfées. La lumiere que les corps céleftes s'envoyent mutuellement, établit entr'eux un commerce de mouvement , & par conféquent communique à l'un les fentimens de l'autre. Ils s'entre-tiennent donc & difcourent entre-eux à leur maniere , la terre avec la lune , le foleil avec elles & avec les étoiles. Si nos organes étoient fabriqués de maniere que nous puffions prendre part à ces conver-fations , nous aurions des nouvel-les de ce qui fe paffe fur la furface de tous les globes du monde.

Par les principes que nous ve-nons d'établir , les phénomenes les plus obfcurs s'expliquent clai-

rement. Tout procede du defir &
de l'averfion, fuites du fentiment.
En général, les corps s'aiment réciproquement & fe réjouiffent du
contact mutuel, de-là l'attraction.
Mais il eft des parcelles qui aiment
certaines autres par préférence,
de-là les analogies & les affinités
des chymiftes. Quand les corps
font unis à ceux qu'ils aiment, ils
font conçens & defirent de refter
dans cet état ; de-là cette cohé-
fion, cette réfiftance qu'on éprouve quand on veut les défunir. Si
une force fuperieure les fépare, ils
ne ceffent de defirer de fe réunir
dans l'ordre où ils étoient. De-là
le phénomene de la génération,

phénomene jufqu'à préfent inexplicable. Ce n'eft autre chofe que
le rapprochement d'un nombre infini d'émanations qui, en vertu de
leurs defirs, fe réuniffent dans le
même ordre où elles étoient dans
les corps dont elles fe font déta-
chées.

Il faut nier que la matiere puiffe
jamais penfer, ou convenir que
tout cela pourroit bien être, ou
plutôt ne point douter que tout
cela ne foit.

CHAPITRE XIV.

Le je ne sai quoi de Van-helmont.

J'étois las de marcher, de voir, d'entendre : je pris quelque repos, & je me rendis ensuite à la plaine du vuide. J'arrivai trop tard, déjà les physiciens avoient donné leur avis sur la marche qu'Azariel devoit faire prendre à la génération des corps vivans. Je ne puis vous en rendre compte, mon cher Lecteur, & c'est bien dommage. Heureusement Van-helmont prit la parole, & résuma ce qui avoit été dit, en ces termes :

»Je n'ai rien à vous objecter
»Péripatéticiens, ni à vous, mé-
»decins de la vieille école ; dire
»qu'une liqueur que vous ne con-
»noiſſez pas, s'arrange d'une ma-
»niere que vous ne connoiſſez pas
»non plus, & forme une plante,
»un animal, un homme, c'eſt ne
»rien dire du tout. On ſçait auſſi
»bien que vous ce qui ſe fait, mais
»on demande comment cela ſe
»fait, & c'eſt à quoi vous ne ré-
»pondez pas.

»Les partiſans des œufs diſent
»au ſeigneur Azariel : *Faites*
d'hommes & de femmes ce qu'il
vous plaira ; mais faites-les en
petit. & ſi en petit. que le tout ſoit

imperceptible. Jettez ces petits êtres les uns dans les autres, & les enchaſſez adroitement. Donnez enſuite la vie & l'accroiſſement à celui qui contiendra tout le reſte, tous ſe débarraſſeront & ſe développeront succeſſivement & de génération en génération. N'économiſez pas ſur le nombre, ajoutent-ils, fabriquez infiniment plus d'homoncules que vous ne voulez qu'il s'en développe jamais, car à chaque moment il ſe fera des pertes immenſes. Qu'une femme ſe noyé, par exemple, c'eſt peu de choſe, diſent les rieurs, & nous nous diſons, c'eſt plus d'œufs perdus qu'il n'en falloit pour peupler trois terres comme la nôtre.

»Y pense-t-on, seigneur Aza-
»riel, vous cherchez à compôser
»quelques êtres qui se reprodui-
»sent, & on veut que vous en fa-
»briquiez vous-même des millions
»de plus qu'il ne s'en développera
»jamais. Est-il une voie moins pra-
»ticable & plus dispendieuse.

»Ceux qui nous ont parlé de
»ces especes de vers & d'animal-
»cules qu'ils ont cru voir au mi-
»croscope, nous apprennent, di-
»sent-ils, comment un homme se
»fabrique avec une sorte d'anguil-
»le, & un singe avec une autre
»sorte : mais ils ne nous appren-
»nent pas à fabriquer ces anguilles
»mêmes. Ils ne sçavent d'où elles

»viennent, & nous ne fçavons pas
»plus qu'eux où les prendre.

»Et vous, célebre créateur des
»moules, expliquez-vous : fi vos
»moules font réels, faites-nous-les
»voir : s'ils font feulement intel-
»ligibles, faites-nous-les conce-
»voir. Et la matiere que vous y
»jettez, ne nous en donnerez-
»vous point une idée plus claire?
»Qu'eft-ce qu'une molécule qui a
»des organes & n'a point de par-
»ties, qui va & n'a point de quoi
»aller, qui vit & n'eft rien de ce
»qui a vie? Votre plan annonce le
»moins de frais & le plus de fim-
»plicité. Vous n'enchaffez point
»tout le genre humain dans un

»œuf. Vous ne tirez point l'hom-
»me d'un petit ſerpent qui en a
»dévoré des millions d'autres.
»Mais pour opérer, vous deman-
»dez ce qui ne ſe trouve point, &
»vous ſuppoſez ce qui ne peut
»exiſter. Que prétendez-vous faire
»de cet amas confus de parcelles
»émanés de toutes les parties du
»corps ? Quelle différence pou-
»vez-vous imaginer entr'elles ?
»Ce qui vient d'un vaiſſeau capil-
»laire de la jambe, ne vaut-il pas
»bien ce qui vient d'un vaiſſeau
»capillaire de la tête ? Que peut
»fournir une fibre oſſeuſe du crâne,
»que ne fourniſſe une fibre oſſeuſe
»du coude ? Eſt-ce expliquer une

« chofe, que d'en rendre raifon par
» des différences, des analogies &
» des attractions inintelligibles ?

     « Seigneur Génie, vous avez
» beau chercher, vous avez beau
» confulter ; l'ouvrage de la géné-
» ration eft trop compliqué, quel-
» que mécanique qu'on imagine,
» elle ne pourra fuffire. Vous ne
» pouvez vous difpenfer d'avoir
» recours à des êtres intelligens, je
» veux dire de former des Archées,
» & de leur confier l'adminiftration
» des reproductions. Il ne faut pas
» faire ces Archées avec la matiere
» qui compofe les corps, car com-
» ment leur donneriez-vous de l'in-
» telligence ; il ne faut pas non plus

»les faire purement spirituels, car
»il n'est pas nécessaire de les douer
»de l'immortalité. Faites-les de
»quelque chose qui tienne le mi-
»lieu entre le corps & l'esprit, &
»qui ne ressemble ni à l'un ni à
»l'autre. Je ne sçais pas trop....

CHAPITRE XV.

L'homme chair, bois & pierre.

V AN-HELMONT fut interrompu par les commiſſaires qui revenoient de leurs courſes. Ils étoient ſi las, que d'abord ils n'eurent pas la force de parler. Après avoir repris leurs ſens, ils dirent qu'il n'étoit point de voiture plus agile que celle dont ils venoient d'uſer, mais qu'ils n'en connoiſſoient point de plus fatigante ; que rien n'étoit ſi difficile à conduire qu'une imagination métaphyſicienne, & qu'il falloit ſans ceſſe aller bride

en

en main, sans quoi on s'exposoit à faire les plus terribles écarts.

Nous n'avons point vu de raretés, ajoutoient-ils, parce que nous n'avons point eu le temps d'en chercher & de les considérer. Cependant comme nous mesurions l'espace où le seigneur Azariel veut bâtir son monde, il a passé sous nos yeux une des planettes qui tournent autour de la roue gauche du Chariot, & en même temps nos oreilles ont été frappées d'un criaillement assez semblable aux croassemens de quelques milliers de corbeaux. Nous nous sommes approchés de la planette, pour voir d'où procédoit ce bruit, & nous

n'y avons vu ni végétaux, ni animaux proprement dits ; mais elle
eſt couverte de certaines colomnes bien extraordinaires. Le pied
de ces colomnes eſt d'une ſorte de
pierre très-dure, qui paroît s'in-
corporer avec le ſol. A une cou-
dée du ſol, cette pierre s'amollit
& devient bois. Ce bois lui-même, à meſure qu'il s'éleve, prend
de la molleſſe, & ſe change en une
eſpece de matiere animale. Le tout
ſe termine à la hauteur de vingt à
trente pieds par une tête aſſez ſemblable à une tête humaine. Les
colomnes probablement diſcou-
roient entr'elles, & de-là venoit
le bruit que nous entendions.

Cette nouvelle fut reçue différemment de différens philosophes. Les uns difoient, de la pierre, du bois, & une tête d'homme ! Voilà un affemblage bien fingulier. C'eft dommage que nos commiffaires n'ayent pas eû le temps de faire des recherches, difoient les autres, ils auroient bien groffi nos regiftres : nous fçavions que la nature aime la variété, nous apprenons aujourd'hui qu'elle aime la bizarrerie. Il y en eut un qui prit la chofe plus férieufement ; Dieu-merci, dit-il, voilà une preuve complette de ce que j'ai toujours penfé, & la nature a fait d'elle-même ce que j'imaginois qu'on pouvoit faire par art : on le fçait maintenant, tous les corps naturels se tiennent : il est des productions moyennes entre les pierres & les plantes, entre les plantes & les animaux : dans ces colomnes, pierres, plantes, animaux, tout est rassemblé, greffé, incorporé par l'entremise des productions moyennes, & nos naturalistes modernes n'y doivent trouver rien de surprenant.

On fera sur notre découverte, telles réflexions qu'on voudra, reprit un des commissaires ; je viens à ce qui concerne notre gestion.

Nous avons trouvé qu'entre les deux roues de derrierre du grand

Chariot, il y a quatre-vingt-dix-neuf millions soixante & un mille sept cens quatre lieues d'Allemagne, plus, quelques toifes qu'on peut négliger & regarder comme nulles. Partant, le point intermédiaire eft éloigné de chacune des deux roues de plus de quarante-neuf millions de lieues. Qui croiroit que dans un fi grand efpace, il n'y ait pas où placer deu. terres & un foleil. Il ne s'en faut prefque rien que l'orbite des globes qui tournent autour des étoiles des environs, ne touche à ce point intermédiaire. Ainfi le feigneur Génie ne peut tout au plus y établir qu'une affez petite planette

qui ne recevra qu'une lumiere
très-affoiblie, & qui fera plutôt
une glaciere qu'une terre habitable. Voilà pourtant le logis que
mon confrere lui doit indiquer.

Au moins, reprit l'autre com-
miffaire, y auroit-il plus de sûreté
dans ce logis, que dans celui que
vous avez imaginé. Croiriez-vous,
feigneur Azariel, qu'on veut vous
faire tourner autour d'un foleil
qui fe trouve fous le pied d'An-
dromede, parce que, dit-on, ce
foleil n'a qu'une planette, & qu'il
y a place pour plus de fix ? Il n'a
qu'une planette, il eft vrai, mais
il a fept ou huit cometes à longues
barbes qui rodent par-tout, & ren-

dent les routes impraticables; elles
ne manqueroient pas de ruiner au
premier moment quelqu'établisse-
ment que ce fût.

CHAPITRE DERNIER,

Qui sert d'éclaircissement au PREMIER.

HÉ QUOI ! dit Azariel, encore des contradictions, & parmi les habitans des Limbes je n'en trouverai pas même deux qui s'entendent & soient d'accord ! Depuis que je suis ici, je ne vous ai point vus réunis sur le moindre objet. L'un propose, l'autre objecte ; l'un éleve, l'autre abbat, & rien n'avance. A quoi voulez-vous que je m'en tienne ? Irai-je me confiner dans une glaciere, ou me faire

culbuter par une comete ? Pren-
drai-je des matériaux dans la fubftance du vuide, ou bâtirai-je un
1 onde au feu & à l'eau ? Ferai-je
des archées ou des molécules organiques, des œufs ou des anguilles ? Eft-ce là le fruit de cette rare
fagacité, de ces longues médita-
tions, de ces recherches immenfes ? O que la nature eft fublime,
& que la conception des hommes
eft rampante ! Ames philofophiques, je le vois bien, je ne fuis
point fait pour bâtir des mondes,
& vous n'êtes point faites pour en
imaginer le plan.

Le Génie à peine acheva, &
partit. Je profitai du moment, &

m'élançant légerement en l'air
fans que perfonne s'en apperçût ;
je m'accrochai & m'enveloppai
dans un pli de fa robe. Azariel fit
bien du chemin en peu d'heures ;
heureufement il traverfa mon pays,
& je me reconnus au clocher de
mon village. Je me gliffai donc
tout doucement en terre, & c'eft
ainfi que j'échappai des Limbes.

Il eft temps d'avertir le Lecteur
qu'il y avoit trois jours que j'avois
été attaqué d'une apoplexie dont
j'étois mort en fix heures, & à
l'inftant mon ame fut enlevée,
comme je l'ai dit, & tranfportée
dans la demeure des philofophes.
Un moment avant ma mort, on

m'avoit fait prendre certaines gouttes qui ne produifirent point l'effet qu'on fe promettoit, mais qui préferverent mon corps de corruption. Il conferva un air de fraîcheur qui furprenoit les affiftans, & les fignes de la vie & de la mort s'y trouverent confondus de maniere à faire douter de fon état. On ne l'inhuma point, on craignoit de m'enterrer tout vivant.

A mon retour je trouvai donc mon corps précifément dans le même état où je l'avois laiffé. Je m'approchai, & comme je le confiderois attentivement, je remarquai un mouvement de palpitation vers la région du cœur. Cette palpitation réveilla quelques étincelles du feu qui nous vivifie, une portion du cerveau se dégagea, quelques vaiſſeaux du nombre de ceux qui ſont eſſentiels à la vie ſe débarraſſerent. Je ſaiſis cet inſtant pour me rétablir dans mon ancien domicile, & j'y rentrai par la même porte par laquelle j'en étois ſorti. Ceux des philoſophes qui s'entendent à reſſuſciter des mouches, & qui de cette opération ont tiré des conſéquences ſi inattendues, ſçavent combien les corps organiques reviennent de loin, & trouveront cet événement tout ſimple.

Rendu à moi-même, je ne tardai

pas à donner des signes de vie, on s'en apperçut, les secours ne me manquerent point, & bientôt je repris des forces. J'appellai avec empreſſement mes amis, & leur contai mon départ, mon voyage, mon retour. Ils m'écouterent & ne me crurent point: c'eſt un rêve, diſoient les uns : non, diſoient les autres, c'eſt une extaſe. Le Lecteur en penſera tout ce qu'il lui plaira, pour moi, je ſçais à quoi m'en tenir.

Dès que j'ai été rétabli, je n'ai rien eu de plus preſſé que de faire part de tout ceci à mes freres les philoſophes. Je ſuis bien aiſe de leur apprendre quel eſt dans

l'autre monde le fort de leurs femblables. Hélas ! ces fublimes génies ne fçavent ce qu'ils font, où
ils font, ce qu'ils deviendront :
c'eft tout comme ici.

F I N.

SUITE DE L'ESSAI

SUR LA NATURE

DE L'AME.

BIGARRURES

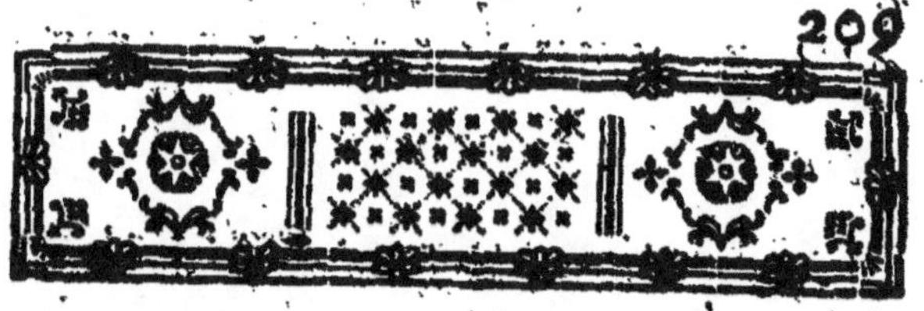

BIGARRURES
PHILOSOPHIQUES.

SUITE DE L'ESSAI
SUR
LA NATURE DE L'AME.

§. I.

*Développemens sur l'intelligence
prétendue des atômes.*

Sı c'est la matiere qui pense, le
mouvement occasionne & accom-

II. Partie.   O

pagne néceſſairement la penſée ; nous l'avons prouvé. Nous avons prouvé de plus que les atômes ne ſont ſuſceptibles que du ſeul mouvement local. Quelle meſure d'intelligence un mouvement de cette nature eſt-il capable de faire naître dans eux ?

Pour raiſonner il faut avoir pluſieurs idées préſentes en même temps. Un atôme ne les peut avoir. Chaque idée (ſi elle procede de la matiere) demande un mouvement qui ſoit particulier, & qui differe de tout autre. L'atôme ne peut avoir à la fois deux mouvemens locaux différens ; il ne peut donc raiſonner.

Sans yeux nous ne pouvons voir, sans oreilles nous ne pouvons entendre ; il en est de même des autres sens. L'atôme n'a aucun de ces organes, il ne peut donc avoir aucune des sensations qui y sont attachées.

Pour que nous pussions avoir d'autres sensations que celles que nous avons, il faudroit que nous eussions une autre organisation, & nous n'aurions aucune sorte de sensation, si nous n'avions aucun organe. L'atôme n'en a point & ne peut en avoir, il n'a donc aucune sensibilité, il ne sçauroit donc penser.

Les atômes sont inaltérables,

ils ne perdent ni n'acquierent rien dans les combinaisons ; nous l'avons démontré. Si donc les atômes ne peuvent ni raisonner, ni voir, ni entendre, s'ils ne peuvent sentir ; les composés qu'ils forment ne le prouveront pas non plus. Qui raisonnera dans un corps où rien ne peut raisonner ? Qui verra où rien ne peut voir ? Qui sentira où rien ne peut sentir ?

Un corps ne se meut point que les élémens qui le composent ne se meuvent, il ne se meut point circulairement que ses élémens ne se meuvent de même. Ce que chacun de ces élémens fait conjointement avec les autres, il le

peut faire féparément, il peut féparément fe mouvoir & fe mou-
vóir circulairement. S'il ne le pouvoit pas étant folitaire, il ne le
pourroit pas non plus étant combiné : la combinaifon n'ôte ni ne
donne rien aux élémens. Raifon-
nons maintenant fur la penfée
comme fur le mouvement, & con-
formons-nous en cela à l'ufage des
matérialiftes. Un corps ne peut
penfer que les élémens qui le compofent ne penfent ; il ne peut voir,
entendre, odorer, que fes élémens
ne voyent, n'entendent, n'odo-
rent. Ce que chacun de ces élémens fait conjointement, il le peut
faire féparément, il peut penfer,

O iij

il peut voir, entendre, odorer. S'il ne le pouvoit pas étant solitaire, il ne le pourroit pas étant combiné, car la combinaison est un approchement qui n'ôte ni ne donne rien. Mais nous venons de prouver que les élémens solitaires ne peuvent voir, entendre, odorer ; ils ne le peuvent donc pas non plus dans les combinaisons ; aucun corps ne peut donc avoir ces sensations ; ce qui les a dans nous n'est donc pas corps, n'est pas matériel.

Des atômes même qui sentiroient, qui penseroient, qui raisonneroient, ne pourroient encore faire des corps pensans semblables à nous. Comparons la nature à un machiniste. Les ressorts qui dans les mains de la nature composent un animal, forment un tout. Les ressorts qui dans les mains de l'horloger composent une montre forment pareillement un tout. L'un est beaucoup plus industrieusement fabriqué que l'autre ; voilà toute la différence. Si donc les atômes pensans forment dans un animal un tout qui pense en commun, une machine animée, ils doivent faire la même chose dans une montre, il ne doit y avoir de différence que dans le degré de perfection. Si au contraire avec de la matiere qui raisonne, un

horloger ne peut faire une montre
raisonnable ; un plus habile méca-
nicien que lui, quelque belle machine qu'il construise, n'en fera
jamais une qui raisonne ; la nature
plus habile que tout autre ne le
pourra non plus. Elle fabrique des
ressorts d'une finesse extraordinaire, mais toujours des ressorts ; elle
fait des machines admirables, mais
toujours des machines ; sa mécanique est incompréhensible, mais
c'est toujours une mécanique.

Si un élément pense, il a la
conscience de ses pensées, le sentiment du *soi*. Garde-t-il ce sentiment dans la combinaison ? S'il
le garde, il ne peut pas plus se

faire dans un corps une collection
des penfées des atômes qui le
compofent, qu'il ne fe fait dans
une file d'hommes qui fe tiennent
par la main, une collection des
penfées de tous les hommes qui
forment cette file : il ne peut y
avoir de tout penfant en commun,
point de corps animé, rien qui
reffemble à l'ame.

L'atôme, en fe combinant,
perd-t-il le fentiment du *foi* ?
Comment cela pourroit-il arriver ?
Un corps fimple & inaltérable
peut-il perdre une faculté ? Peut-il
conferver celle de penfer, & perdre celle d'avoir la confcience de
fes penfées ? A qui tranfmet-il ce

dont il se dépouille ? Seroit-ce à un autre atôme uni avec lui dans la même combinaison ? Mais ce qu'il perd, cet autre le perd aussi, & par la même raison ; seroit-ce pour le reprendre du premier ? *A* perdra-t-il la conscience de ce qui se passe dans lui pour prendre celle de ce qui se passe dans *B* ? Quand cela seroit, qu'en pourroit-on conclure ?

Si *A* perd le sentiment du *soi*, sans le transmettre à *B*, si *B* perd de même le sentiment du *soi*, sans le transmettre à *A* ; qu'en résulte-t-il pour le tout, pour le composé d'*A*, *B* ? La perte qu'éprouvent l'un & l'autre élément, établirat-elle quelque chose de positif dans leur composé, donnera-t-elle au tout le sentiment du *soi* total?

Tout concourt à prouver que les atômes ne pensent point, & que quand même ils penseroient, il ne pourroit résulter de leurs combinaisons aucun être animé tel que l'homme.

§. II.

Examen de quelques pensées de M. Locke.

I.

COMMENT *un homme peut-il s'assurer que quelques sensations, comme vous diriez le plaisir & la douleur, ne sçauroient se rencontrer dans certains corps modifiés & mus d'une certaine maniere, aussi bien que dans une substance immatérielle, en conséquence du mouvement des parties du corps? Le corps, autant que nous pouvons le concevoir, n'est capable que de frapper & d'affecter un corps, & le mou-*

vement ne peut produire autre chose que du mouvement. si nous nous en rapportons à tout ce que nos idées peuvent nous fournir sur ce sujet; desorte que lorsque nous convenons que le corps produit le plaisir ou la douleur, ou bien l'idée d'une couleur ou d'un son, nous sommes obligés d'abandonner notre raison. d'aller au-delà de nos propres idées. & d'attribuer cette production au seul bon plaisir de notre Créateur. Or. puisque nous sommes contraints de reconnoître que Dieu a communiqué au mouvement des effets que nous ne pouvons jamais comprendre que le mouvement soit capable de produire. quelle raison avons-nous de conclure qu'il ne pourroit pas ordonner que ces effets soient produits dans un sujet que nous ne sçaurions concevoir capable de les produire, aussi bien que dans un sujet sur lequel nous ne sçaurions comprendre que le mouvement de la matiere puisse opérer en aucune maniere.

Quel que soit le mobile de la pensée, nous ne concevons pas à la vérité comment il la peut occasionner dans une substance spirituelle, mais nous concevons qu'il ne la peut occasionner dans une substance matérielle, & nous concluons que la perception ne peut naître que d'un pur esprit.

II.

Quiconque considérera combien il nous est difficile d'allier la sensation avec une matiere étendue, & l'existence avec une chose qui n'ait absolument point d'étendue ; confessera qu'il est bien éloigné de connoître certainement ce que c'est que son ame. C'est là, dis-je, un point qui me semble tout-à-fait au-dessus de notre connoissance. Et qui voudra se donner la peine de considérer & d'examiner librement les embarras & les obscurités impénétrables de ces deux hypothèses, n'y pourra guere trouver de raisons capables de le déterminer entierement pour ou contre la matérialité de l'ame ;

puisque de quelque maniere qu'il regarde l'ame, ou comme une sub-stance non-étendue, ou comme de la matiere étendue qui pense, la difficulté qu'il aura de comprendre l'une ou l'autre de ces choses, l'entraî-nera toujours vers le sentiment op-posé, lorsqu'il n'aura l'esprit ap-pliqué qu'à l'un des deux........ On ne peut nier que nous n'ayons en nous quelque chose qui pense, le doute même que nous avons sur sa nature, nous est une preuve indu-bitable de la certitude de son exis-tence ; mais il faut se résoudre à ignorer de quelle espece d'être elle est.

Notre insuffisance nous est assez connue ;

connue ; sans chercher à comprendre ce que bien des choses sont, ni comment elles sont, nous devons seulement chercher si elles sont. Ce seroit être bien imbécille que de se croire assez de pénétration pour pouvoir se figurer un être immatériel ; mais nous ne devons pas pour cela négliger de chercher s'il existe, & nous ne devons pas désespérer de pouvoir décider la question. S'il se passe quelque chose, comme la pensée, qui ne puisse venir d'une substance solide, étendue, figurée, cette chose vient d'une substance qui n'a ni solidité, ni étendue, ni figure ; ainsi, quoique nous ne puis-

II. Partie. P

sions pas nous figurer comment
une pareille substance peut exister,
nous pouvons pourtant connoître
qu'elle existe.

III.

Le docteur Stilingflée, sçavant
prélat de l'église Anglicane, ayant
attaqué plusieurs opinions de M.
Locke, celui-ci répondit, & quelques-unes des pensées suivantes
font tirées de ces réponses.

L'idée de la matière est une sub-
stance étendüe & solide. Par-tout
où se trouve une telle substance, là
se trouve la matière & l'essence de
la matière. quelques autres qualités
non contenues dans cette essence
qu'il plaise à Dieu d'y joindre

par deſſus. Par exemple. Dieu crée
une ſubſtance étendue & ſolide ſans
y joindre aucune autre choſe. &
ainſi nous pourrons la conſidérer en
repos. Il joint le mouvement à quelques-unes de ſes parties. qui con-
ſervent toujours l'eſſence de la matiere. Il en façonne d'autres parties
en plantes. & leur donne toutes les
propriétés de la végétation. la vie
& la beauté qui ſe trouve dans un
roſier & un pommier. par deſſus
l'eſſence de la matiere en général,
quoiqu'il n'y ait que de la matiere
dans le roſier & le pommier. Et à
d'autres parties il ajoute le mouvement & le ſentiment ſpontané &
les autres propriétés qui ſe trouvent

dans un éléphant. On ne doute
point que la puiſſance de Dieu ne
puiſſe aller juſques-là, ni que les
propriétés d'un roſier, d'un pommier, ou d'un éléphant, ajoutées à
la matiere, changent les propriétés
de la matiere. On reconnoit que
dans ces choſes la matiere eſt toujours matiere. Mais ſi l'on ſe ha-
zarde d'avancer encore un pas &
de dire, que Dieu peut joindre à la
matiere la penſée, la raiſon & la
volition, auſſi bien que le mouvement ſpontané, il ſe trouve auſſi-
tôt des gens prêts à limiter la puiſſance du ſouverain Créateur, & à
nous dire que c'eſt une choſe que
Dieu ne peut point faire, parce que

cela détruit l'essence de la matiere,
ou en change les propriétés essentielles. Et pour prouver cette assertion, tout ce qu'ils disent se réduit
à ceci, que la pensée & la raison
ne sont pas renfermées dans l'essence de la matiere. Elles n'y sont pas
renfermées, j'en conviens, mais une
propriété qui n'étant pas contenue
dans la matiere, vient à être ajoutée à la matiere, n'en détruit point
pour cela l'essence, si elle la laisse
être une substance étendue & solide.
Par-tout où cette substance se rencontre, là est aussi l'essence de la
matiere. Mais si dès qu'une chose
qui a plus de perfection est ajoutée à
cette substance, l'essence de la ma-

tiere est détruite, que deviendra l'essence de la matiere dans une plante
ou dans un animal dont les propriétés sont si fort au-dessus d'une
substance purement solide & étendue.

Si la mobilité ne se trouve
comprise dans l'idée que nous
nous formons de la matiere, cette
idée est défectueuse. Un élément
est une substance solide, étendue,
mobile, &c. Les corps tirent leurs
propriétés des élémens qui les
composent. Ainsi, en supposant
un corps dans un parfait repos, il
n'est pas surprenant qu'on puisse
mettre ce corps ou quelques-unes
de ses parties en mouvement ; ce

n'est que réduire la puissance à l'acte. En quoi consiste la végétation & la vie, considérées du côté de la matiere, si ce n'est dans un certain arrangement des parties & dans certaines fonctions, & d'où résultent ces arrangemens & ces fonctions, si ce n'est du mouvement ? Nous ne trouvons donc rien dans la végétation & la vie, considérées sous cette face, dont nous ne retrouvions le principe dans la matiere & les élémens. Il en est de même de la beauté, les corps ne sont beaux que parce qu'ils sont figurés d'une certaine maniere, ils ne sont figurés que parce qu'ils ont de la solidité & de l'étendue, & ils n'ont de la solidité & de l'étendue que parce que ces propriétés se trouvent dans la matiere & les élémens. De même, pour que la raison & la volition pussent être attachée à un corps, il faudroit que ce corps fût capable de penser, & pour cela il faudroit que la matiere & les élémens en fussent capables eux-mêmes. Mais il est contre les propriétés essentielles des élémens de former des pensées, il est donc aussi contre l'essence des corps de penser. Dieu ne peut donc faire penser quelque être matériel que ce puisse être sans changer l'essence de la matiere.

IV.

*Dieu a créé une fubftance ; que
ce foit, par exemple, une fubftance
étendue & folide : Dieu eft-il obligé
de lui donner, outre l'être, la puiffance d'agir ? C'eft ce que perfonne
n'ofera dire, à ce que je crois. Dieu
peut donc la laiffer dans une parfaite inactivité. Ce fera pourtant
une fubftance. De même, Dieu
crée, ou fait exifter de nouveau une
fubftance immatérielle, qui, fans
doute, ne perdra pas fon être de fubftance, quoique Dieu ne lui donne
que cette fimple exiftence, fans
lui communiquer aucune activité.
Je demande actuellement, quelle
puiffance Dieu peut donner à l'une*

de ces substances qu'il ne puisse
point donner à l'autre?

Il en doit être des puissances
comme des propriétés. On ne dira
pas que toutes les propriétés attachées à une substance matérielle
puissent aussi être attachées à une
substance immatérielle. La solidité
essentielle à la matiere, est inconciliable avec l'esprit; la puissance
de pénétrer un corps, qui est essentielle à l'esprit, est inconciliable
avec la matiere. La matiere est une
substance aussi bien que l'esprit,
mais ces deux substances sont essentiellement différentes, ou dans
un état essentiellement différent.
Celle-ci aura donc des facultés

dont celle-là ne peut être pourvue, & réciproquement. Quand on dit que l'une peut avoir aussi bien que l'autre la puissance de penser, parce que toutes deux sont également substances ; c'est à peu près comme si l'on disoit, qu'un morceau de glace peut, aussi bien qu'un fer rouge, avoir la puissance de brûler, parce que l'un & l'autre sont également corps.

V.

Si on donne du sentiment aux bêtes, on doit reconnoître, ou que Dieu peut donner & donne actuellement la puissance d'appercevoir & de penser à certaines particules de matiere, ou que les bêtes ont des

ames immatérielles, & par conséquent immortelles, tout aussi bien
que les hommes. Mais dire que les
mouches & les cirons ont des ames
immortelles aussi bien que les hommes, c'est ce qu'on regardera peut-
-être comme une assertion qui a bien
la mine de n'avoir été avancée que
pour faire valoir une hypothese.

Si les bêtes n'ont ni sentiment
ni pensée, comme l'ont cru quelques philosophes, elles ne sont
que de pures machines, & n'ont
rien de comparable à l'homme.
Si elles pensent, elles ont nécessairement des ames immatérielles,
car rien de matériel ne peut penser : c'est une conclusion tirée d'un

principe sûr, & non une assertion hazardée pour sauver une hypothese. Mais comment l'ame spirituelle & par conséquent immortelle dans l'homme, sera-t-elle spirituelle & mortelle dans un moucheron ? Je ne sçais. Mais comment une ame matérielle & périssable dans la bête, sera-t-elle matérielle & incorruptible dans l'homme ? C'est, je pense, ce que M. Locke, qui semble être de cette opinion, n'a pas compris davantage. Je n'ignore pas que Dieu, qui peut tout, peut faire subsister éternellement une substance matérielle émanée de l'homme au moment de la mort, quoique cette substance tende par sa nature à la corruption ; mais, par la même raison, Dieu peut détruire au moment de la mort des animaux, une substance qui par elle-même auroit toutes les propriétés nécessaires pour être immortelle.

Mais en quoi nous interresse l'essence des animaux ? Que ce soient de pures machines ou des êtres pensans, que nous importe ? Est-ce à nous à nous inquiéter de ce que deviendra leur ame, supposé qu'elle soit spirituelle ? Tâchons de pénétrer les vues de la Providence à notre égard, voyons ce que nous sommes, le reste ne nous touche en rien.

VI.

»Le docteur Stillingfléet avoit
»dit qu'il ne mettoit point de bor-
»nes à la Toute-puissance de Dieu,
»qui peut changer un corps en une
»substance immatérielle.« *C'est-à-
dire,* reprend M. Locke, *que Dieu
peut ôter à une substance la solidité
qu'elle avoit auparavant, & qui la
rendoit matiere, & lui donner ensuite la faculté de penser qu'elle
n'avoit pas auparavant, & qui la
rend esprit, la même substance
restant. Car si la même substance ne
reste pas, le corps n'est pas changé
en une substance immatérielle, mais
la substance solide est annihilée
avec toutes ses appartenances, &*

une substance immatérielle est créée à la place. ce qui n'est pas changer une substance en une autre, mais en détruire une & en faire une autre de nouveau.

Cela suppose que dans un corps & un esprit la substance est la même, & que toute la différence qui s'y trouve, c'est que dans le premier la substance a de la solidité, & n'en a point dans le second. M. Locke ne fait point & n'auroit jamais fait de lui-même cette assertion, il la déduit seulement des propositions du docteur Stillingfléet. Ce docteur s'est peut-être trop avancé. Peut-être est-il autant impossible de changer la matiere

tiere en esprit, que de changer deux en trois. En ce cas, toutes les conséquences que M. Locke tire avec tant de sagacité des pro-positions du prélat, porteroient sur un faux principe, & ne con-cluroient rien du tout. Mais afin de suivre le fil de ses idées, par-tons du même point que lui, sup-posons tout ce qu'il voudra, & voyons si ses inductions seront aussi justes que subtiles.

Dieu, ajoute M. Locke, peut, selon vous, ôter d'une substance solide la solidité, qui est ce qui la rend substance solide ou corps, & en faire une substance immatérielle, c'est-à-dire une substance sans soli-

dité. *Mais cette privation d'une
qualité ne donne pas une autre
qualité; & le simple éloignement
d'une moindre qualité, n'en communique pas une plus excellente, à
moins qu'on ne dise que la puissance
de penser résulte de la nature même
de la substance, auquel cas il faut
qu'il y ait une puissance de penser
par-tout où est la substance. Voilà
donc une substance immatérielle
sans faculté de penser, selon les
propres principes du docteur Stil-
lingfleet.*

Il se pourroit faire que la faculté
de penser, résultât de la nature de
la substance, & ne pût passer à
l'acte que quand la substance est

fans folidité. La puiſſance d'exciter des fons réſulte de la nature de
l'air, mais ne ſçauroit paſſer à l'acte
qu'en tant que l'air conſerve ſa
fluidité. Ainſi où l'air ſeroit en
maſſe comme de la glace, il ne
pourroit y avoir de ſon ; & où la
ſubſtance ſeroit accompagnée de
ſolidité, comme dans la matiere,
il ne pourroit y avoir de penſée.
Mais accordons encore que la faculté de penſer ne réſulte point de
la nature de l'eſprit, & que l'eſprit
peut exiſter ſans cette faculté.

Vous ne nierez pas, continue
M. Locke, *que Dieu ne puiſſe
donner la faculté de penſer à cette
ſubſtance ainſi dépouillée de ſoli-*
Q ij

dité, puisqu'on suppose qu'elle en
est rendue capable en devenant
immatérielle ; d'où il s'ensuit que
la même substance numérique peut
être en un certain temps non pensante, ou sans la faculté de penser ;
& dans un autre temps parfaite-
ment pensante, ou douée de la puissance de penser. Vous ne nierez pas
non plus que Dieu ne puisse donner
la solidité à cette substance, & la
rendre encore matérielle. Cela posé,
permettez-moi de vous demander
pourquoi Dieu ayant donné à cette
substance la faculté de penser, après
lui avoir ôté la solidité, ne peut pas
lui redonner la solidité sans lui ôter
la faculté de penser ? Après que vous

aurez éclairci ce point, vous aurez
prouvé qu'il est impossible à Dieu
malgré sa Toute-puissance, de donner à une substance solide la faculté
de penser.

M. Locke suppose en tout cecl
que la solidité est conciliable avec
la faculté de penser, & c'est ce qui
est en question, ou plutôt nous
avons prouvé le contraire. Si pour
donner la faculté de penser à une
substance, il faut lui ôter la solidité, au cas qu'elle soit solide, il
est clair qu'en lui rendant sa solidité, on lui reprend la faculté de
penser. En échauffant la cire
vous lui donnez de la fluidité,
mais en lui rendant sa tempéra-

ture naturelle vous lui reprenez cette fluidité. La cire peut être fluide & compacte ſucceſſivement, mais ne ſçauroit être fluide & compacte tout à la fois. Une ſubſtance pourroit être alternativement ſolide & penſante, qu'il ne s'enſuivroit pas de là qu'elle pourroit être tout à la fois ſolide & penſante.

Voici, ſi je ne me trompe, où ſe réduit la difficulté de M. Locke. Imaginez deux corps dont l'un ſoit changé en pur eſprit. Ces deux êtres ne ſeront plus de la même nature, mais la même ſubſtance reſte dans l'un & l'autre. Si vous dites que dès-lors celui qui eſt devenu esprit pense, parce qu'il est essentiel à sa substance de penser; je dirai aussi que celui qui est resté corps pense parce qu'il s'y trouve la même substance que dans celui qui est devenu esprit. Et si vous dites que l'esprit ne pensera qu'après que la faculté de penser aura été communiquée à sa substance, je dirai aussi que cette même faculté pourra pareillement être communiquée au corps, & toujours par la même raison, c'est-à-dire, parce que la substance est la même dans ces deux êtres. Voilà l'objection, voici la réponse.

On voit d'abord que cette proposition, la substance est la même

dans un corps & dans un esprit,
présente une de ces idées plus que
hardies qui confondent toutes les
autres. Mais en accordant à M,
Locke que la substance soit la
même de part & d'autre, il faut
que M. Locke convienne que de
part & d'autre cette substance n'est
pas dans le même état. D'un côté
il y a solidité, impénétrabilité,
étendue ; de l'autre il n'y a rien
de tout cela. Mais quoi que deux
substances soient les mêmes, si
elles sont dans un état différent,
il est clair qu'il y aura des facultés
dont elles ne pourront être également susceptibles. Il est clair encore que la puissance d'apperce-

voir & de penser pourra être du
nombre de ces facultés. Le corps
est étendu, donc il peut être divisé;
l'esprit n'a point d'étendue, donc
il ne peut être divisé; donc celui-
là doit périr, donc celui-ci doit
rester; donc on ne peut pas dire
de l'un ce que l'on dit de l'autre.

VII.

Le docteur Stillingfléet avoit
dit: »Rien n'assure mieux les gran-
»des fins de la Religion & de la mo-
»rale, que les preuves de l'immor-
»talité de l'ame, fondées sur sa
»nature & ses propriétés, qui font
»voir qu'elle est immatérielle; car
»quoi qu'on ne doive pas douter
»que Dieu ne puisse donner l'im-

» mortalité à une substance maté-
» rielle, c'est beaucoup diminuer
» l'évidence de l'immortalité, que
» de la faire dépendre entiérement
» de ce que Dieu lui donne ce dont
» elle n'est pas capable de sa propre
» nature. « M. Locke soutient que
c'est dire nettement que la fidélité
de Dieu n'est pas un fondement
assez ferme & assez sûr pour s'y
reposer, sans le concours du té-
moignage de la raison. *Si c'est là*,
ajoute M. Locke, *le moyen d'ac-
créditer la Religion dans tous ses
articles ; je ne suis pas fâché que
cette méthode ne se trouve point dans
aucun de mes ouvrages. Car pour
moi je pense qu'une telle chose*

m'auroit attiré, & avec raison, un reproche de scepticisme. Mais je suis si éloigné de m'exposer à un pareil reproche sur cet article, que je suis fortement persuadé qu'encore qu'on ne puisse pas montrer que l'ame est immatérielle, cela ne diminue nullement l'évidence de son immortalité, parce que la fidélité de Dieu est une démonstration de la vérité de tout ce qu'il a révélé, & que le manque d'une autre démonstration, ne rend pas douteuse une proposition démontrée.

Il ne faut pas confondre la certitude que nous tenons de la Foi, avec celle que nous tenons de l'évidence. L'une & l'autre ont leur

maniere de persuader, & cette
maniere n'est assurément pas la
même. Si l'ame est matérielle, il
n'y a que la Foi qui puisse nous
rassurer contre sa corruptibilité.
Si elle est immatérielle, & la Foi
& la raison nous convainquent
qu'elle est immortelle. Ainsi, en
niant l'immatérialité de l'ame,
non seulement on diminue, mais
encore on fait disparoître totale-
ment l'évidence de son immortalité. Qu'on suppose maintenant
deux hommes qui, comme tant
d'autres, manquent des lumieres
de la Foi. Si l'un croit l'ame immatérielle, il la regarde comme
immortelle; si l'autre la croit ma-

térielle, il la regarde comme cor-
ruptible & périssable. Lequel est
le moins éloigné *des grandes fins
que se proposent la Religion & la
morale ?*

VIII.

» M. Locke ayant entrepris
» de prouver par des passages de
» Virgile & de Cicéron, que l'usa-
» ge qu'il faisoit du mot esprit en
» le prenant pour une substance
» pensante sans en exclure la ma-
» térialité, n'étoit pas nouveau ;
» le docteur Stillingfléet soutint
» que ces deux auteurs distin-
» guoient expressément l'esprit du
» corps. A cela M. Locke répond
» qu'il est très-convaincu que ces

»auteurs ont distingué ces deux
»choses, c'est-à-dire, que par *corps*
»ils ont entendu les parties grof-
»fieres & vifibles d'un homme, &
»par esprit une matiere fubtile,
»comme le vent, le feu, l'éther,
»pas où il eft évident qu'ils n'ont
»pas prétendu dépouiller l'efprit
»de toute efpece de matérialité.
»Ainfi Virgile décrivant l'efprit
»ou l'ame d'Anchife que fon fils
»veut embraffer, nous dit :

Ter conatus ibi collo dare brachia circum,
  Ter fruftra comprenfa manus effugit imago,
  Par levibus ventis, volucrique fimillima fomno.

»Et Cicéron fuppofe dans le pre-
»mier livre des Queftions tufcu-
»lanes, qu'elle eft air ou feu, *ani-*

» *ma sit animus. ignisve. nescio ;*
» ou bien un air enflammé, *inflam-*
» *mata anima.* ou une quintessen-
» ce introduite par Aristote, *quinta*
» *quædam natura ab Aristotele in-*
» *troducta.* »

Il importe assez peu que Cicéron, Virgile, & la plupart des
anciens, ayent eu une idée bien
distincte de ce que nous appellons
pur esprit ; mais nous ne voyons
pas que M. Locke prouve bien
incontestablement qu'ils ne l'ont
pas eue. Cicéron a dit, *anima sit*
animus, ignisve, nescio. il ne reste
plus qu'à sçavoir ce qu'il vouloit
dire par *animus :* on assure qu'il
entendoit cette matiere déliée, ce

fluide que nous appellons air; mais qui sçait s'il n'entendoit point cette substance immatérielle que nous appellons esprit? Quant à Virgile, il n'est point aujourd'hui de poëte qui ne distingue les substances matérielles des substances immatérielles; il n'en est pourtant point qui en peignant les efforts d'Énée vis-à-vis de l'ame d'Anchise qu'il veut embrasser, ne pût dire comme Virgile, *Trois fois il étend les bras, & trois fois l'ombre de son père échappe à ses embrassemens; semblable aux vents agiles & aux songes légers.* Ainsi Virgile pouvoit penser de l'esprit ce que nous en pensons aujourd'hui, & néanmoins

s'exprimer

s'exprimer comme il a fait. Il nous
arrive à chaque instant de dire que
l'ame est un pur esprit; esprit signi-
fie proprement souffle ou vent;
nous disons donc ce que Virgile
disoit, & Virgile a pû penser ce
que nous pensons.

Quand Lucrece considere que
l'ame affecte le corps & y excite
tant d'orages, & que le corps de
son côté affecte l'ame, & qui fait
quelquefois ressentir des douleurs
si vives, il conclut que celle-ci est
matérielle, & il en revient à sa
maxime ordinaire :

Tangere . . . & tangi nisi corpus nulla potest res.

Pourquoi argumenteroit-il si vivement en faveur de la matérialité,

II. Partie.   R

si de son temps on n'avoit pas même l'idée de l'immatérialité, comme le prétendent la plupart de nos
philosophes modernes ? Qu'on entre dans le sens de ce poëte célebre ; ne dit-il pas « J'entends parler
« quelquefois d'ames immatériel-
« les, mais je ne puis admettre leur
« existence, car je ne vois dans nous
« que matiere & action, & je ne
« vois pas que des substances spiri-
« tuelles pussent agir sur des corps,
« ni des corps sur elles. « Sans doute
l'immatérialité de l'ame étoit une
question chez les anciens philosophes, comme elle en est une chez
les modernes : on disputoit pour
& contre, mais peut-être moins

souvent & d'une maniere plus obscure.

Quant au fond, l'objection de Lucrece, si ancienne & si fréquemment renouvellée, prouve les bornes de notre intelligence, & ne prouve autre chose. Il ne faut pas chercher à comprendre comment un corps peut agir sur un esprit, ni celui-ci sur l'autre. Il faut examiner si un corps peut penser ; car s'il ne le peut pas, il faudra admettre l'union des corps & des esprits & une action mutuelle des uns sur les autres, quoiqu'on ne puisse comprendre ni cette union ni cette action réciproque.

IX.

Un nombre infini d'êtres maté-
riels (les atômes) finis, éternels,
penfans, qui feroient indépendans
les uns des autres, & dont les forces
feroient bornées & les penfées dif-
tinctes, ne pourroient jamais pro-
duire cet ordre, cette harmonie &
cette beauté qu'on remarque dans la
nature.

S'il n'eft pas contre la nature de
la matiere de penfer, elle péut
avoir cette faculté ; & fi elle peut
l'avoir, on peut fuppofer qu'elle
l'a. On peut auffi fuppofer que
les élémens en vertu de certaines loix annexées de tout temps
à leur effence, peuvent s'être ar-

rangées de la maniere qu'il a fallu
pour composer les globes célestes
& tous les corps de la nature, depuis les plus brutes jusqu'aux plus
intelligens. Et si l'on vient à dire
qu'on ne peut pas comprendre
comment des atômes, mus de
quelque maniere que ce soit, ont
pû former cet univers, dont la
beauté, l'harmonie & la majesté,
annoncent un architecte d'une intelligence si sublime; un matéria-
liste répondra que nous ne comprenons pas mieux l'existence, la
nature & les attributs de cet architecte. *Mon opinion,* dira-t-il en
suivant la méthode de raisonner
de M. Locke, *a des difficultés in-*

surmontables, mais embrasserai-je pour cela celle qui lui est opposée, quoique fondée sur quelque chose d'aussi inexplicable, & qui est autant éloigné de ma compréhension. Je ne sçais comment M. Locke ou ceux de son parti, répondroient à cette objection ; mais je sçais que la difficulté disparoît, dès qu'on prouve qu'il est contre la nature de la matiere de penser. Dès-lors il est contre sa nature de pouvoir former des êtres intelligens, & il faut nécessairement avoir recours à un autre principe.

X.

Il est aussi impossible de concevoir que la simple matiere non pensante,

*produise jamais un être intelligent
qui pense, qu'il est impossible de
concevoir que le néant put produire
la matiere.*

Il y a plus, il est contre la nature de la matiere, & par conséquent de tous les corps, d'être
capables de perceptions & de pensées. On sent que M. Locke imaginoit que penser étoit au-delà des
forces de la matiere, mais non pas
contre sa nature; car Dieu, dit-il,
peut la faire penser dans certaines
circonstances. Il voyoit donc que
la faculté de penser n'étoit pas
nécessairement liée à son essence,
il voyoit même que de sa nature
elle est destituée de cette faculté;

comment a-t-il vu qu'elle pouvoit quelquefois en être douée ? De son aveu, ni lui, ni personne n'a conçu comment s'opere l'action de penser. Sur quoi s'est-il donc fondé pour affirmer que cette action de penser, dont il ne connoît pas la nature, peut, dans certaines circonstances, appartenir à la matiere ?

§. III.

Examen de quelques pensées de M. de Voltaire.

M. DE VOLTAIRE, pour mettre dans tout son jour le sentiment de M. Locke, a développé quelques-unes des pensées de ce philosophe, & en a ajouté quelques autres ; je continuerai de les examiner comme les précédentes.

I.

Je suppose une douzaine de bons philosophes dans une isle où ils n'ont jamais vu que des végétaux. Ils admirent cette vie qui circule dans les plantes, qui semble se perdre & ensuite se renouveller : & ne sçachant pas trop comment ces plantes naissent, comment elles prennent leur nourriture & leur accroissement, ils appellent cela une ame végétative. Qu'entendez-vous par ame végétative ? leur dit-on : c'est un mot, répondent-ils, qui sert à exprimer le ressort commun par lequel tout cela s'opere. Mais ne voyez-vous pas, leur dit un mechanicien, que tout cela se fait naturellement par des poids, des leviers, des roues, des poulies ? Non, diront nos philosophes, il y a dans cette végétation autre chose que des mouvemens ordinaires ; il y a un pou-

voir ſecret qu'ont toutes les plantes
d'attirer à elles ce ſuc qui les nour-
rit; & ce pouvoir qui n'eſt expli-
cable par aucune méchanique, eſt
un don que Dieu a fait à la matiere, & dont ni vous ni moi ne
connoiſſons la nature.

Je me mettrai à la ſuite des
douze philoſophes, & je dirai à
celui qui parle : Vous prétendez
que dans les plantes il y a un reſſort inconnu, dont le jeu opere
leurs germinations & leurs développemens; je vous crois. Vous
voulez de plus donner à ce reſſort
le nom d'ame, je le veux auſſi,
car je ne diſpute point des mots.
Mais enfin, nous ne voyons dans

les plantes, que de la matiere &
du mouvement, de quelque espece
que soient l'un & l'autre. S'il ne
s'y trouve autre chose, l'ame des
plantes ne peut être que la loi im-
posée à leurs mouvemens, & dès-
lors elle n'a rien de commun avec
celle qui pense. Vous voudriez
vous faire un dégré des végétaux
pour monter aux animaux & ensuite à l'homme ; mais vous cherchez des gradations où il n'y en a
point. Si les plantes ne pensent
pas, leurs ames n'ont aucun rapport avec celles qui pensent, & si
dans les plantes & les animaux il
y a quelque chose qui apperçoive,
cette chose est de la même nature

que ce qui apperçoit dans nous,
il n'y a point encore de gradation,
dès le premier pas vous trouvez la
subſtance penſante.

II.

Nos raiſonneurs découvrent en-
fin des animaux. Oh, oh, diſent-
ils après un long examen, voilà
des êtres organiſés comme nous !
Ils ont inconteſtablement de la mé-
moire, & ſouvent plus que nous.
Ils ont nos paſſions, ils ont de la
connoiſſance, ils font entendre tous
leurs beſoins, ils perpétuent comme
nous leur eſpece. Nos philoſophes
diſſequent quelques-uns de ces êtres,
ils y trouvent un cœur, une cervelle.
Quoi ! diſent-ils, l'auteur de ces

machines qui ne fait rien en vain,
leur aura-t-il donné tous les organes du sentiment, afin qu'ils n'eus-
sent point de sentiment ? Il seroit
absurde de le penser. Il y a certainement en eux quelque chose que
nous appellons aussi AME, faute de
mieux ; quelque chose qui éprouve
des sensations, & qui a une certaine mesure d'idée. Mais ce principe, quel est-il ? Est-ce quelque
chose d'absolument différent de la
matiere ? Est-ce un esprit pur ?
Est-ce un être mitoyen entre la
matiere que nous ne connoissons
gueres, & l'esprit pur que nous ne
connoissons pas ? .... Il est très-
probable que l'ame de ces bêtes est

d'une autre espece que ce que nous appellons AME VÉGÉTATIVE, *dans les plantes ; que c'est une faculté d'un ordre supérieur que Dieu a daigné donner à certaines portions de la matiere ; c'est une nouvelle preuve de sa puissance, c'est un nouveau sujet de l'adorer.*

Si vous admettez dans les animaux du sentiment, des idées, de la mémoire, des connoissances, certainement il faut que vous leur accordiez une ame toute différente de celle des plantes, dans lesquelles vous n'admettez rien de tout cela. Celle-ci charie, assemble, sépare, applique, rejette ; celle-là pense. La premiere, ne

produisant que du mouvement,
nous l'avons regardée comme une
faculté de la matiere, l'idée de la
matiere emporte l'idée de la mobilité. Mais l'autre produisant des
pensées, nous ne sçavons plus ce
que c'est, car l'idée de la matiere
n'emporte point l'idée de l'intelligence. Dieu, dites-vous, a daigné donner à certains corps la faculté de penser, & c'est une nouvelle preuve de sa puissance : mais
que sçavez-vous s'il n'a pas jugé à
propos de n'en rien faire ? Que
sçavez-vous si sa volonté n'a pas
été de créer une substance absolument incapable d'appercevoir ?
Sa puissance éclateroit-elle moins
dans

dans l'existence qu'il auroit don-
née à de purs esprits, & dans leur
union à des corps, que dans la faculté de penser qu'il auroit accordée à certaines poignées de matiere ?

III.

Ils font alors des expériences sur
des insectes, sur des vers de terre ;
ils les coupent en plusieurs parties,
& ils sont étonnés de voir qu'au
bout de quelques temps il vient des
têtes à toutes ces parties coupées ; le
même animal se reproduit, & tire
de sa destruction même de quoi se
multiplier. A-t-il plusieurs ames
qui attendent pour animer ces par-
ties reproduites, qu'on ait coupé la

têe au premier tronc. Ils ressemblent aux arbres qui repoussent des
branches, & qui se reproduisent de
bouture; ces arbres ont-ils plusieurs
ames? Il n'y a pas d'apparence.

Vous avez raison, il n'y a qu'une
ame dans chaque individu. Mais
qu'en voulez-vous conclure?

Si cet insecte n'est qu'une espece
de plante, son ame, comme nous
le disions tantôt, est une certaine
serie de mouvemens, une certaine
faculté attachée à la matiere; &
les différentes portions de l'insecte coupé en demeurent également pourvues. Il n'est donc pas
surprenant que chacune se régé-
nere; il en est comme d'une bran-

che détachée du tronc & mife en terre, qui prend racine, devient arbre, & forme un individu.

Mais fi cet infecte eft un animal penfant, comme vous le décidez peut-être avec un peu trop de hardieffe ; je ne vois plus quel droit vous auriez d'affurer que fon ame n'eft encore autre chofe qu'une faculté accordée à la matiere. Imagineriez-vous fans cela de l'impoffibilité dans la régénération de fes fegmens ? Il n'y en a pas plus que dans les générations ordinaires.

Si le polype penfe, & renferme une fubftance fpirituelle ; après que vous l'avez coupé en plufieurs

parties, il n'y a qu'une des portions
qui conserve cette substance, car
elle est indivisible. Chacune des
autres conserve seulement ce principe de vie que vous avez appellé
ame végétative. en conséquence
elle travaille à se former les parties
qui lui manquent pour faire un
individu, comme un rameau mis
en terre se forme des racines, &
quand elle est organisée à certain
point, une substance pensante s'y
unit. Je ne vois pas plus de difficulté en cela, que dans le déve-
loppement d'un germe & dans son
union avec l'être pensant qui doit
l'informer. Qu'importe que ce dé-
veloppement se fasse dans l'utérus,

ou dans un œuf, ou par-tout ailleurs? Nous avons parlé de l'union
des corps aux esprits ; comme tant
d'autres chofes, elle reftera toujours au-deffus de l'intelligence
humaine ; mais cette difficulté ap-
pliquée à la régénération des po-
lypes, n'y acquiert aucune nouvelle force.

I V.

Nous découvrons tous les jours
des propriétés de la matiere : c'eft-à-
dire des préfens de Dieu, dont nous
n'avions pas d'idées. Nous avons
d'abord défini la matiere, une fub-
ftance étendue ; enfuite nous avons
reconnu qu'il falloit lui ajouter la
folidité ; quelque temps après il a

fallu admettre que cette matière a une force qu'on nomme FORCE D'INERTIE. Après cela nous avons été tout étonnés d'être obligés d'avouer que la matiere gravite. Quand nous avons voulu pousser plus loin nos recherches, nous avons été forcés de reconnoître des êtres, qui ressemblent à la matiere, & qui n'ont pas cependant les autres attributs dont la matiere est douée. Le feu élémentaire, par exemple, agit sur nos sens comme les autres corps, mais il ne tend point à un centre comme eux ; il s'échappe au contraire du centre en ligne droite de tous côtés. Il ne semble pas obéir aux loix de l'attraction, de la gra-

vitation, comme les autres corps.
L'optique a des mysteres dont on ne
pourroit gueres rendre raison, qu'en
osant supposer que les traits de lumiere se pénetrent les uns les autres.
Il y a certainement quelque chose
dans la lumiere qui la distingue de
la matiere connue ; il semble que la
lumiere soit quelque chose de mitoyen entre les corps & d'autres
especes d'êtres que nous ignorons.
Il est très-vraisemblable que ces
autres especes sont elles-mêmes un
milieu qui conduit à d'autres créatures, & qu'il y a ainsi une chaîne
de substances qui s'élevent à l'infini.

*Usque adeò quòd tangit idem est, tamen
ultima distant.*

Donnez tant que vous voudrez aux élémens & à leurs combinaisons des forces qui attirent, d'autres qui précipitent, d'autres qui éparpillent ; je ne trouverai rien qui répugne en tout cela. Je n'y vois que des corps mobiles, qui suivent les routes que le Créateur leur a tracées. Mais que voulez-vous dire de ces corps qui se pénetrent, de ces êtres distincts de la matiere connue, & qui ne sont pourtant point esprit, de ces substances moyennes & extrêmes sans nombre ? Quel milieu voulez-vous que j'imagine entre ce qui est étendu & ce qui ne l'est pas, ce qui est solide & ce qui est pénétrable ; en

un mot, entre le matériel & l'immatériel ? Et vous, qui admettez
tant de fortes de fubftances dans la
nature , pourquoi trouvez-vous
tant d'attrait à n'admettre que de
la matiere dans l'homme ? Exclu-
riez-vous de votre chaîne d'êtres
variés à l'infini, les fubftances fpi-
rituelles ? Non, fans doute. Quand
on admet des corps qui fe pénetrent, on peut bien admettre des
êtres qui n'ont ni folidité , ni étendue proprement dite : l'un n'effraye pas plus l'imagination que
l'autre. Pourquoi donc charger la
matiere de tant de facultés ? Pourquoi vouloir qu'elle puiffe tout,
même raifonner.

V.

La difficulté consiste moins à deviner comment la matiere pourroit penser, qu'à deviner comment une substance quelconque pense.

Puisque vous ne sçavez pas comment une substance quelconque pense, pourquoi décidez-vous que la matiere peut penser ?

VI.

Seriez-vous bien assez intrépides pour oser croire que votre ame est précisément du même genre que celles qui approchent la plus près de la Divinité. Il y a grande apparence qu'elles sont d'un ordre bien supérieur, & qu'en conséquence Dieu leur a daigné donner une façon de penser infiniment plus belle ; de même qu'il a accordé une mesure d'idées très-médiocre aux animaux qui sont d'un ordre inférieur à vous.

Nous vous accordons que s'il y a quelque chose qui pense dans les bêtes, ce principe est semblable à ce qui pense dans nous ; pourquoi ne nous accorderiez-vous pas que ce qui apperçoit dans ces êtres que vous placez si près de la Divinité, est semblable à ce qui apperçoit dans nous. Ce n'est ni par esprit de fierté que nous nous élevons jusqu'aux plus pures intelligences, ni par esprit d'humilité que nous descendons jusqu'aux animaux, (supposé qu'ils pensent,) c'est que nous ne sçaurions admettre dans la nature d'autres substances que la matiere & l'esprit, c'est qu'il n'y a que ce qui est esprit qui puisse penser, & que par-tout où il y a pensée, il y a une substance de la même nature, c'est-à-dire, spirituelle.

Dans les bêtes (supposant toujours qu'elles pensent) l'esprit est plus empêtré dans la matiere; dans l'homme il y est moins engagé; dans les pures intelligences il est tout-à-fait libre. L'organisation plus ou moins parfaite laisse plus ou moins d'activité à l'être pensant; mais la plus parfaite organisation est toujours un embarras pour l'ame, & les intelligences n'y font point foumifes. De-là la différente mefure de nos perceptions.

Il fe peut auffi qù'il y ait quelque différence intrinfeque entre les êtres penfans. Les efprits ne font fufceptibles d'aucune des différences qui fe trouvent entre les corps. Ils ne peuvent être, par exemple, plus ou moins denfes, plus ou moins déliés, plus ou moins élaftiques. Mais comme les corps, quoique tout auffi corps les uns que les autres, varient pourtant en mille façons; les efprits quoique tout auffi efprits les uns que les autres, pourront auffi varier à leur maniere. Un atôme de feu n'eft pas plus folide, plus impénétrable, plus matiere qu'un atôme d'eau ; l'un eft pourtant bien différent de l'autre, & même cette différence eft effentielle, car les élémens ne fçauroient être homogènes. Et comme il vous eft impoffible, & à moi, de concevoir ce qui conftitue cette héthérogénéité des élémens, il m'eft impoffible, & à vous, de concevoir ce qui conftitue la différence des efprits. Voilà bien des chofes que nous ne comprenons point ; mais qui de nous eft fait pour tout comprendre?

§. IV.

Conclufion.

JE reviens à M. Locke. Ce philofophe avance qu'il fe peut que Dieu ait jugé à propos de donner à certains amas de matiere la faculté d'appercevoir. A cela nous avons répondu, qu'il fe peut auffi que Dieu n'ait pas voulu que la matiere, fous quelque forme qu'elle fe préfentât, fût capable de penfer.

Vous auriez tort de nier que la matiere puiffe penfer, ajoute M. Locke, fous prétexte que vous ne voyez pas comment cela fe pourroit faire, car où peut s'étendre votre conception, & où ne s'étend pas la puiſſance de Dieu. Vous auriez tort, avons-nous dit de notre côté, de nier l'exiſtence des purs eſprits & leur union à des corps, ſous prétexte que vous ne pouvez vous figurer ni ces eſprits, ni cette union. Je ne comprends pas cela, donc Dieu ne le peut faire : qui oſera raiſonner ainſi?

M. Locke a examiné toutes les propriétés connues de la matiere, il n'en a trouvé aucune qui montre qu'en effet elle penſe, & il s'eſt tenu à ſa propoſition vague, Dieu peut avoir voulu que la matiere apperçoive dans certaines circonſtances.

tances. Nous avons auffi examiné ces propriétés de la matiere, nous en avons trouvé une (l'immuta-bilité des élémens) qui démontre qu'elle eft abfolument inepte à toutes perceptions ; & nous avons conclu que Dieu n'a point voulu que jamais la matiere pût former des penfées.

Ainfi le Lecteur, qui auparavant n'avoit aucun droit de nier l'exiftence des ames immatériel-les, quoiqu'on ne puiffe concevoir leur nature, doit maintenant l'ad-mettre, puifqu'il y a dans nous quelque chofe qui penfe, & que ce ne peut être la matiere.

Notre ame eft donc en effet

II. Partie. T

une substance spirituelle : mais qu'est-ce qu'une telle substance ? Elle n'est point étendue, elle n'est point solide, elle n'est point figurée ; nous dirons bien ce qu'elle n'est pas ; qui nous dira ce qu'elle est ?

Si dans la question que nous venons d'agiter, nous n'avons cherché que ce qu'il est important de connoître, nous l'avons trouvé : si nous avons voulu connoître non seulement ce qui est d'importance, mais encore ce qui est de pure curiosité, nous sommes bien loin du but, & sans doute on n'y parviendra jamais.

Après que l'immatérialité de

l'ame est découverte, & qu'on en a tiré quelques conséquences, tout est dit : ce qui reste à sçavoir sur sa nature est au-delà de notre portée, un voile impénétrable nous cache les vérités ultérieures. Mais cette grande vérité que nous connoissons est la plus essentielle ; & loin de nous affliger de ne pouvoir aller en avant, nous devons nous réjouir d'avoir pu pénétrer jusques-là.

Tous les éclaircissemens qu'on pourroit desirer sur une nature immatérielle, sans doute nous ne les aurons jamais, tant que nous serons sur ce globe couvert de la nuit de l'ignorance ; mais tous les biens attachés à l'immatérialité de l'ame, nous sommes en droit de les attendre & d'y reposer notre cœur.

Le desir de connoître nous a été donné par la Providence pour nous exciter à chercher ce qui est utile. Tant que nous restons dans ces bornes, nous pouvons ce que nous desirons. Ce desir, nous le détournons pour l'ordinaire de sa destination, & nous le dirigeons vers ce qui n'est que de pure curiosité ; mais comme nos plus grands efforts ne peuvent nous élever qu'à certain point, & que les objets que se propose la curiosité sont presque toujours au-delà, nous reſtons dans une ignorance humiliante qui ſeche l'eſprit & flétrit le cœur. On néglige des connoiſſances utiles qu'on trouveroit ſi on les cherchoit, pour des connoiſſances ſtériles qu'on cherche avec empreſſement ſans pouvoir les trouver.

Enfin, ſi malgré tous nos efforts, nous ne pouvons nous former aucune idée de la nature des êtres immatériels, il faut conclure que cette connoiſſance ne nous feroit d'aucune utilité ; car ſi elle étoit utile, il nous auroit été donné d'y pouvoir parvenir. Mais il faut bien ſe garder de conclure que des êtres de cette nature n'exiſtent point ; car ce seroit prendre la mesure de notre foible, intelligence pour celle de la Toute puissance de Dieu.

FIN